成功する人の考え方

MINDSETS OF SUCCESSFUL MEN

加地太祐
KAJI TAISUKE

ダイヤモンド社

Prologue

人生は逆転できるから面白い！

皆さんの人生は思い通りに進んでいますか？

ある時まで、僕の人生はまったく順調とは言えませんでした。

父の仕事の都合で小学校は四回転校しました。六年間で四回もしたので親しい友達はできず、高校は途中で中退。17歳では溶接工の仕事しか見つかりませんでした。

友人たちはサークルや大学生活を楽しんでいるのに、僕はどこか落ちこぼれた感じがあり、友だちにも会いたくないから成人式にも行かない。

「俺の人生、どうなってしまうのだろう」

さらに悪いことは続きます。

僕が30歳の時、唯一の兄弟だった弟を25歳の若さで亡くします。あれほどの不幸を体験したことはありませんでした。それくらい苦しい時期でした。

そんなどん底の時、僕は偶然にも人生を左右する師と出会いました。

その師は、大企業の会長という立場でありながら、沢山の時間を使って僕に「成功」への考え方を教えてくれました。そこから、僕の人生は劇的に変わり出したのです。

僕は師や仲間から学んだ「成功する人の考え方」を元に数多くの実践をしました。

自分は、何のために生まれてきたのか？

どのような仲間と出会い、どう付き合えば良いのか？

そうすると最悪だった人生は、徐々に変化し始めます。

中でも一番の変化は、出会う人間の質が変わったことでした。

年間数兆円を売り上げる起業家から、日本を代表するスポーツ選手、さらには世界の大富豪に至るまで、「成功する人の考え方」は、僕に多くの出会いと学びを与えてくれました。

また師は、僕以外の人間にも多くの影響を与えました。

多くの経営者は、師の教えを実践して事業や人生を劇的に変えていきました。

その中でも、僕の娘は劇的に変わりました。

高校受験に失敗した彼女に、師は「成功する人の考え方」を伝えてくれました。すると彼女は生まれ変わったように人生をコントロールし始め、成績は学年でトップに。今では慶応義塾大学を目指して猛勉強しています。

そんな多くの体験をする中で、僕は「成功する人の考え方」の内容を検証しながら、ある結論に達しました。

それは「どんな状況からでも成功する人になれる」というものです。

そんなことを考えていた矢先、２０１５年2月6日に、大きな転機が訪れました。

いつものように仕事を終えて、ロードバイクを運転して帰宅する途中、僕は交通事故を起こしてしまったのです。すぐに救急車で病院に運ばれましたが、５日間意識不明の重体に。顔面を68針も縫い、鼻は骨折。まるでフランケンシュタインのような顔になってしまいました。そして事故から６日目に意識朦朧で目覚めた僕は、「このまま死んだら自分は何もこの世界に残していないことになる」と愕然としました。

そして、自分が残せるものがあるとすれば、それは言葉しかないのだと悟りました。

「どんな困難に直面しても必ず乗り越え成功する人になれる。傷が癒えたら、多くの人にこの考え方を伝えよう。多くの人を成功へと誘おう」

こうして事故から１ヶ月後に「成功する人の考え方」というウェブサイトを立ち上げ、成功のための哲学をお伝えするコラムを、僕は毎日書き続けています。

本書に書いている内容は、すべて自分がこれまでに実践して効果があったことや、今も実践し続けていることです。すべての原稿は、新たに書き下ろしました。

どんなに困難な状態にあろうとも「成功する人の考え方」は、人を幸せにするチカラを持っていると僕は信じています。

僕は自分の全人生を通して、それを証明しようと思っています。

人生は、いつも僕らにドラマチックな物語を用意してくれています。

その物語を実現させるかしないかは、僕らの考え方と行動で決まると思います。

２０１５年　12月　加地太祐

Contents

成功する人の考え方

Chapter

1

人生をコントロールする

Chapter
2
出会いと知恵の扉を開ける

Chapter
3
困難を乗り越える

Chapter
4
己との戦いに勝つ

Chapter

5

成功する人の生き方

Epilogue

人生をコントロールする

Chapter
1

01

不平等の中に自分の価値を見出す

感謝と努力が必要な理由

STEP 1

人生は平等ではない

多くの人は、僕たちに「人生は平等だよ」と言うけれど本当だろうか？

もちろん、生まれ変わりがあって前世と今世のバランスと言われれば、証明しようはない。

しかし、生まれてくる環境においては、決して平等ではないと思う。

子どもの頃から考えてみると、背が高い、足が速いという身体能力の違いもあれば、家がお金持ちだったり、貧乏だったりという物理的な差も沢山あるだろう。

僕らが生まれてきたこの世界は、もともと不平等にできているのだ。

STEP 2

全力で走らなければならない理由

ある上場企業の社長は、若かった僕にこう教えてくれた。

「人生はマラソンとよく似ているが、決定的に違うところがある。それはスタート地点だ。同じ年齢でも二代目の経営者もいれば、ゼロから起業する経営者だっている。お金持ちもいれば貧乏な人もいるし、住んでいる地域だけでも差は生まれるだろう。だからキミは誰よりも全力を出さなければいけない。スタート地点が違うレースでキミが前の人間に追いつくには、前の人よりも早く進むしか方法はないのだ。そうしなければ、キミは永遠に彼らの背中を見ながら生きていくことになる」

人生はスタート地点が違うという事実がわかると、不満や妬みを言う者がいる。

「あいつは二代目でボンボンだから」

そんな言葉を理由に成功へつながるレースに参加しない人は多い。

それはとても不幸なことだ。なぜなら生まれた環境や場所によってレースに参加することすら難しい人達も多くいるのだから。

STEP 3
今の環境に感謝する

僕は仕事の都合で海外に行くことが多い。
ある出張の最中に、僕はフィリピンのゴミ山
「スモーキーマウンテン」で働く子どもたちと出会った。
彼らは不衛生で危険なゴミ山で働き、1日数百円の収入で生活をしていた。
満足な教育を受けることができない。
彼らの中には、読み書きすら困難な人達も少なくない。
読み書きができない彼らは、どのようにして就職すればいいのか。

確かに人生はスタート地点が違う。
しかし、日本という素晴らしい国に生まれた以上、
キミは地球レベルで見れば上位集団からスタートしているのだ。

僕は、フィリピンの友人にこのようなことを言われた。

「もし、スモーキーマウンテンの貧しい人達がキミの境遇を手に入れられるなら、喜んで自分の寿命を10年でも差し出すだろう」


もし叶うならキミは寿命を延ばされることで、彼らと境遇を代わることができるだろうか？

そう考えれば、自分の環境はどれほど素晴らしい状態なのかがわかるだろう。

それほどまでにキミは、恵まれた環境で生まれている。


これからキミは、**この本を読むことで成功する人として人生を進めていく**だろう。

今、キミの生まれた環境を見渡すと、きっと挑戦できる立場にいるのではないだろうか？

キミが挑戦できる立場ならば、前を走る人達よりも努力し、全力で先頭集団に追いつくべきだ。成功する人はそのように意識し、努力しているのだ。

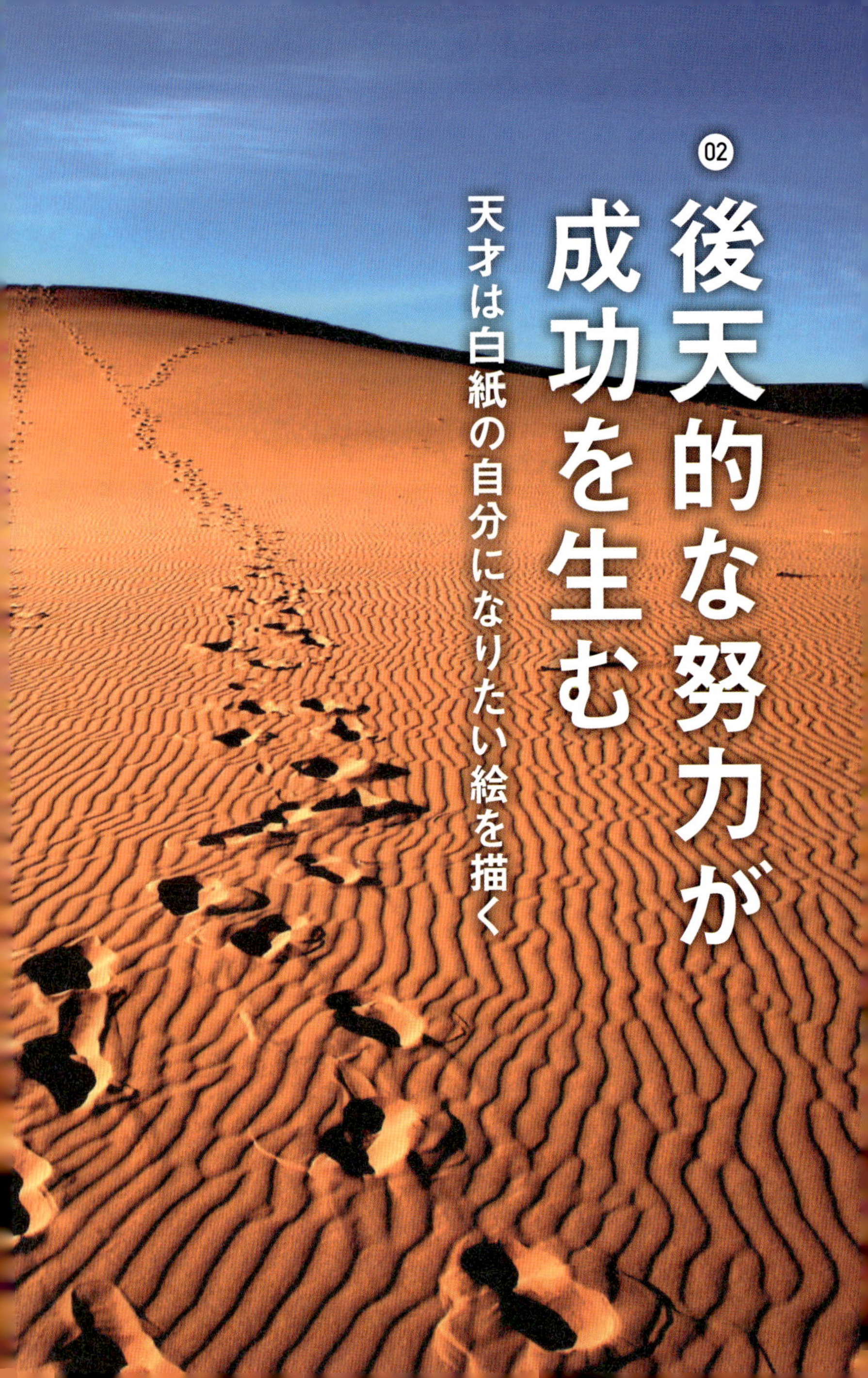

02

後天的な努力が成功を生む

天才は白紙の自分になりたい絵を描く

STEP 1

成功する人のオーラ

僕は、年間に数多くの経営者と話をする機会がある。ある時、上場せずに年商2兆円という経営者と面談する機会を得た。このような人物はある種のオーラを持っている。

◉人を魅了するオーラ

大物と呼ばれるような成功者たちと面談すると、必ず緊張するものだが、「人を魅了するオーラ」の持ち主は、こちらの緊張を和らげ、逆に安心感を与える。

彼らは、相手の話をただ聞くだけではなく、パラフレイズという手法で相手の言葉をオウム返しする。

そうすると、なぜか話し手の方が気持ちよくなって、予定よりも多く話してしまう。

どんな人間でも話すことは得意だが、聴く能力を磨く人は多くはない。

◉人を威圧するオーラ

それに対して、相手の顔をじっくりと見ながら口をへの字に閉じ、ひとつのミスも許さないぞというようなオーラを発する人がいる。

ある種の威圧感がある人だ。こういう人は、相手の緊張を手に取るように操り、黙ることで「相手の話を多く」引き出すのだ。

こちら側は、相手の表情で気持ちを読み取ることができないため、なぜか多く話してしまう。

どちらのオーラが良い悪いというものではないが、明らかに言えることがある。

それは**「どちらも後天的な努力によって生み出された能力」**であるということだ。

STEP 2

人はなりたい自分になれる

たとえば、誰もが憧れる有名な経営者の講演を過去から聞いていくと面白いことがわかる。

40歳前後の講演では、
言葉の髭と呼ばれる「え～」「あの～」などの言葉が目立って聞こえる。

しかし、ある時を境に講演の質が変わり、言葉の髭がなくなったりする。

多くの人は彼をスピーチの天才だと称するが、実際はそうではない。

彼は後天的な努力により上達したのだ。

誰でも自分の嫌いな部分や自信のない部分はあると思う。

でも、諦めてはいけない。

なぜなら、多くの成功する人が実践したように、キミもなりたい自分になれるからだ。

僕も人前で話すのが本当に苦手だった。目の前にいる人たちの視線が僕に集まるだけで、頭の中の原稿は一瞬にして消えてなくなり、事前の準備はすべて無駄になった。

終わった後は、何を話したのかも覚えていない状態で、いつも下を向いて泣きそうだった。

しかし、ある時を境にスピーチは怖いものでなくなった。

憧れの師が見つかったのだ。

その師は、難しい言葉でも巧みに例え話を用い、自分の信じた志を、愛を持って弟子たちに話してくれた。

僕は目指す人ができたのだ。そうすると恐怖はなくなった。


人間は無限の能力を持っている。もし、キミに自信がなくても心配する必要はない。

なぜなら、人間は、なりたい人間になれるからだ。

人間関係を良くしたい。プレゼンがうまくなりたい。ポジティブになりたい。

鋭い刃物のような集中力が欲しい。

そんなひとつひとつの希望は、必ず手に入れることができる。

僕らが成功するために「年齢なんて大きな問題」ではない。

なぜなら、成功する人は、命が尽きるその瞬間まで発展途上なのだから。

03

未来から逆算して今を生きる

成功への階段は未来から降りてくる

STEP 1 旅行と人生

成功する人にとって、人生の計画はとても重要である。

この計画の有無によって、成功が決まると言っても過言ではない。

しかし、多くの人は計画を立てない。


僕が子どもの頃は、父が旅行の計画を立ててくれた。

「明日は何時の新幹線だから何時には起きるぞ。家は何時に出て、目的地には何時に到着するからね」

父が計画する旅行は、いつも完璧だった。

沢山の観光名所を訪ね、現地の美味しい料理も堪能できる計画的な旅行に、僕ら家族はいつも最高に満足した。

何も考えず行く旅行と、しっかり計画して行く旅行。その質の違いは明らかだ。

STEP 2 キミの人生の計画

「僕は成功する人になりたいです」と誰もが言う。
しかし、多くの人は旅行の計画は立てるのに、人生の計画を真剣には立てない。
僕は遊びや余暇では真剣に計画するのに、
人生については真剣に計画しないのが不思議でならない。
僕の人生の師は多くの弟子たちに「俯瞰逆算《ふかんぎゃくさん》」という言葉を何度も教えてくれた。
「俯瞰」とは、全体を高いところから見ることを言う。
僕らが旅行の計画を全体を通して見るように、自分の人生を、
上から俯瞰して全体を通して計画するのだ。

STEP 3

成功する人の共通点

成功する人には、必ず多くの共通点がある。
それは「**目的地を明確に決めて、到着から逆算して計画を立てる**」ということだ。
ただ、目の前のことを闇雲にやるのではなく、必ず計画をもって取り組む、
同じ乗り物でも、計画がなければ別の目的地に到着してしまうだろう。

友人に加藤さんというアパレル関係の経営者がいる。

彼は創業から9カ年計画という設計図を作っていた。

何年後には、アメリカやパリで展示会を開きたいと。

当時は、従業員でさえも夢物語として聞く内容だった。

しかし、彼には未来が見えていた。そしてすべて現実にしていった。

彼の計画した設計図は、確かに彼が向かうべき道筋を示し、目指す未来へと誘ったのだ。

STEP 4 夢と志の違い

成功する人とは、どのような人を言うのか？

ビジネスで成功した人？　それとも地位や名誉を手に入れた人？

残念ながら、僕はどちらも違うと思う。

なぜなら、僕らの命には限りがあり、残念ながらいつかは死んでしまうからだ。

みずからの命が尽きた時に、僕らはこの世の何も持っていくことはできない。

僕の師は、夢と志の違いをこのように教えてくれた。

「夢は自分の命が終わる時までに達成する目標であり、志は自分の命が尽きた後にまで続く目標を言うのだよ。だから私は夢は語らず、志を語るように意識しているのだ」

僕らも夢ではなく、次の世代に素晴らしい影響を与える志を持つべきだと思う。

04

謙虚であっても卑下するな

人生最大の病は傲慢なり

STEP 1

卑下と謙虚

キミの人生が成功する方に向かい始めると、必ず多くの人との出会いが生まれてくる。

成功する人は、とても謙虚だ。仮に自分の話題が出ても
「いやいや、私はまだまだです」と言って、そそくさと自分の話題を終えてしまう。

謙虚さは、成功する人に共通する特徴である。

他人を認め、受け入れ、学ぼうという姿勢が生まれた時に、謙虚な行動が生まれる。

中国には**「謙のみ福を受く」**という言葉があるように、謙虚は成功する人の代名詞だ。

しかし、謙虚を卑下と勘違いしている人は多い。

卑下とは、自分を必要以上に劣った者とすることだ。

「あなたと違って、私はダメな人間です」という言葉を使う反面、どこかで
「いや、そんなことないですよ」と言われるのを待っていたりもする。

自分を認めて欲しいという気持ちが強いにもかかわらず、
自分を卑下することを**「迎合行動」**という。

STEP 2

卑下慢という傲慢

僕は、あるパーティでとても腰の低い経営者と出会った。

彼は有名大学卒のエリートで、卒業後にすぐ起業したという。

僕は彼の謙虚な姿勢にとても興味を持ち、後日に会社訪問の約束をした。

会社訪問した時、僕は社内の雰囲気がとても悪い事に驚いた。

社員に覇気はなく、疲れ果て、僕を見ても誰も挨拶をしない。

そうこうしている間に彼がやってきたので、僕はストレートに質問した。

「社員の皆さんお疲れですね」

すると彼は悪びれることもなく言った。

「できの悪い社員ですみません。あいつら馬鹿なんで」

彼は謙虚ではなく、卑下慢という種類の人間だった。

卑下慢というのは、自分のことを卑下しながら心の中で、

「これほど腰の低い奴はいないだろう」と考え、謙虚な俺は立派だと考える傲慢である。

彼は、自分以外の人間を自分以下だと思いながら、頭を下げていたのだ。

STEP 3
七つの傲慢

師は僕に**「人生最大の病は傲慢である」**と教えてくれた。
キミはこれから人生を変えるべく多くの実践をし、結果を出していくだろう。
しかし小さな成功で満足し、謙虚な気持ちを忘れれば、
成功は簡単にキミの前から姿を消す。
だから**成功する前に「傲慢にならない」と決意するべき**なのだ。
傲慢には、この七つがあることを、ぜひ覚えてほしい。
一、「我慢《がまん》」間違いを改めず、常に正しいと思うこと
二、「増上慢《ぞうじょうまん》」悟りを開いていないのに開いたと自惚れること
三、「卑下慢《ひげまん》」自分を卑下しながら、謙虚な俺は立派だと思うこと
四、「邪慢《じゃまん》」悪事や悪い事を良いように過信し正当化すること
五、「慢《まん》」自分より劣った者を見て馬鹿にすること
六、「過慢《かまん》」自分と同じ実力なのに自分の方が勝っていると思うこと
七、「慢過慢《まんかまん》」自分より勝る者を認めることができず、自分の方が勝っていると思うこと

05

継続するだけで道は開ける

1万分の1の確率を超えて

STEP 1

継続という試練

成功する人にかかわらず、この世に生きるすべての人が、何らかの目標を持って生きている。

しかし、残念ながら多くの人達は、その目標を叶えることができないといわれている。

僕の手元にはこんなデータがある。

希望を持つ人が1万人いても、挑戦する人は、そのうちたった1％の100人である。

そして、100人の挑戦者のうち、継続できる人はたった1％のひとりである。


成功する人とは、継続する意志を持った人間のことである。

成功と失敗の差は、たったそれだけなのだ。

継続できない人も、継続できる人も、目標を成し遂げるために真剣に考えている。

しかし、継続する人とは違い、継続できない人は思考回路が「できない理由探し」になってしまっている。できない理由探しは、一般的な会社でもよくある光景だ。

STEP 2
問題と解決

新規事業に挑戦しようと、営業チームが集まりミーティングが進められる。
新しい取引先の選別や、新商品のパンフレットまで、全員で議論をするのだが、
必ず起きる光景がある。
「このスケジュールでは難しくないですか？　今の仕事もあるのに」
すると次の人が発言する。
「スケジュールよりも取引先の選別が悪いと思うよ」
そして会議はできない理由探しへと向かう。
どんなことでも継続しようとすると必ず、継続できない理由が発生する。
その時に、僕らのチカラが試される。
解決策を見つけるか？　それともできない理由を羅列するか？
1万人にひとりの継続できる人間は、解決への思考回路から生まれるのだ。

STEP 3
「どのようにすれば」という魔法

問題だけを見つける思考回路も同様に知恵は使っている。
だからこの構造の違いに気づかない会議が生まれる。
キミがもし何も決まらない会議に参加した時、冷静に考えてほしい。
キミたちがフォーカスしている議題はなんなのかと。

では、どうすれば解決の思考回路に向かうのか？
それは会議に簡単なルールを設けることで可能となる。

ダメな思考や会議は、継続できない人達の共通点だ。
本来であれば、問題を解決するために集まったメンバーでさえも、
無意識に会議をすれば、思考はできない理由ばかりに流されてしまう。

だから、**会議や自分の思考に「どのようにすれば」という言葉を追加する**のだ。

そのルールを設けるだけで、議論は問題解決へと動き出す。
思考とは、少しの工夫でいくらでも変化し、最善に向かうのだ。

06

どの山に登るかで装備は変わる

万全の準備が未来をつくる

STEP 1
キミの目指す山

成功したいという価値観は人それぞれで、ひとりひとり目指す山も違っている。
例えば、近くの裏山の山頂から見える風景もあれば、
富士山の頂上から見渡す景色もある。どちらも頂上には違いない。
しかし、どの山に登るかによって装備や覚悟が変わってくる。

僕の友人の登山家は、普段はとても温和で優しい性格をしている。

しかし、山に登る準備段階では顔色が変わる。

去年の夏、僕は彼の誘いで初めて登山に挑戦した。

「全員で素晴らしい景色を見たいから、しっかり準備してきてください」

登山当日、僕らはまだ夜が明ける前に出発した。

お昼までに山頂に到着しなければ帰りが危険なのだ。

歩き始めて二時間ほど経った頃、ある女性が足の痛みを訴えてきた。

「大丈夫ですか？　まだ歩けそうですか？」

彼は真剣な表情で彼女を見た。彼女は額から必要以上に汗をかき、苦しそうだった。

「よし、みんなで下山して温泉に行きましょう」

彼は彼女を笑顔でなだめながら、持ってきていた治療道具で足首を固定し、全員の下山を決定した。

その夜、少し早い夕食を終え、二人で温泉に入っている時、決断の思いを聞いた。

「山登りで大切なのは準備と選択なんだ」

彼は今回のトラブルの際、三つの選択肢を持っていた。

①彼女をひとりで下山させる。
②彼女を連れて山頂を目指す。
③全員で下山する。

彼女をひとりで下山させるには危険がある。

そして、連れて行っては全員が遭難する可能性が生まれる。

だから、彼は全員で下山することを決めた。

誰よりも山頂の景色を見せたかったはずなのに。

STEP 2
覚悟と準備

成功する人の人生においても同様のことはある。

キミがある目標を計画して会社を起業したとする。

目標は登山でいう山頂だ。全員で登頂できれば会社は大きくなるだろうし、全員がこれまで経験したことのない幸せを手にするだろう。

ただ、ビジネスも山登りと同様に困難が待ち受けている。

途中で体調を崩す人もいれば、山頂に登りたくないと言う人も出てくる。

こんな時、キミの能力が試されるのだ。

近所の裏山に登る程度の目標であれば問題は起きないが、
大きな目標になればチャンスは何度も訪れない。キミが成功する人を目指すなら、どのように登頂するのかを今の段階から考えなければならない。

目標という覚悟が決まれば、次は準備が必要だ。

彼は全員の下山も予測し、治療道具と、近くの温泉宿まで調べていた。

小さな山に登るのであれば、装備はリュックとサンドウィッチで十分だろう。

しかし、**キミが誰も登った事のない山に挑戦するのなら完全な装備が必要になる**のだ。

07

意識するだけで能力はアップする

無意識から脱却せよ

STEP 1
自分の能力をアップさせる

僕らが子どもの頃は「ドラゴンボール」という大人気アニメに超《スーパー》サイヤ人というキャラクターが出てきた。

主人公の悟空は意識すると金髪になり、とてつもないチカラを発揮する。

少年時代の僕はワクワクして見ていたことを覚えている。


実は、僕らも髪の毛の色は変わらないが、**一瞬にして能力を向上させる力**を持っている。

そして、多くの成功する人は必ず、この能力を使いこなしている。

多くの人間は無意識で生活していると言われている。

自転車や車の運転も乗り始めた頃は不慣れなため、意識を集中させているが、慣れてくると意識を集中させずともできるようになるため、何も考えずに行ってしまうことが多くある。

僕の先輩のひとりに、経営者歴20年のベテラン社長がいる。

彼の悩みは、毎年入ってくる社員がすぐに退職する「離職率」の高さだった。

ある日、僕は彼に招かれて会社を訪問した。

「ごめん。メールの返信を一件やるから、そこの椅子にかけてて」

僕もすこし到着が早かったことを詫び、社長室にあるソファに腰を下ろした。

しばらくするとドアがノックされ、従業員さんが入ってきた。

「失礼します。例の件の報告なのですが、後ほどにしましょうか?」

従業員さんは僕に気を遣い、報告を躊躇《ためら》いながらも、社長にお伺いをたてる。

「あ、友人だからいいよ。報告して」

そう言うと、従業員さんは社長に何かの報告を始めた。

この時、僕はとても嫌な違和感を覚えた。

それは従業員さんが報告している最中にも
社長はパソコンをカチャカチャやっていたことだ。

僕は、ベテラン社長の会社が、なぜ離職率が高いのかがわかった。

それは、社長自身が無意識で社員と接していたからだ。

経営者を20年もしていると、社員の報告という仕事も当たり前の業務になる。
しかし、従業員側からすれば社長に報告するという仕事は、
何よりも緊張感のある仕事だ。
そんな緊張している従業員を前に、

パソコンの画面を見ながら会話する上司を誰が尊敬するだろうか？

成功する人は、**目の前の人や仕事に魂から取り組むことができる人**のことだ。

STEP 2 成功する人はプラス10点を意識する

多くの成功する人は、すべての行動に意識をプラス10点加えて集中させる。

例えば、プラス10点の社長を意識すると、従業員にかける言葉や笑顔が変わってくる。

また、従業員の変化にも多く気づくようになる。

髪型の変化や新しい服の購入まで、
プラス10点を意識するだけで、行動は明らかに変わってくるのだ。


これは家族にも同様のことが言える。

プラス10点の旦那さんなら、帰りにフルーツを買って帰るかもしれない。

プラス10点のお父さんなら、子どもたちが寝る前に本を読んであげるかもしれない。

無意識で「おはよう」と言うよりも意識を相手に向けて挨拶する。

これだけで、あなたは成功する人と同様の行動ができるようになる。

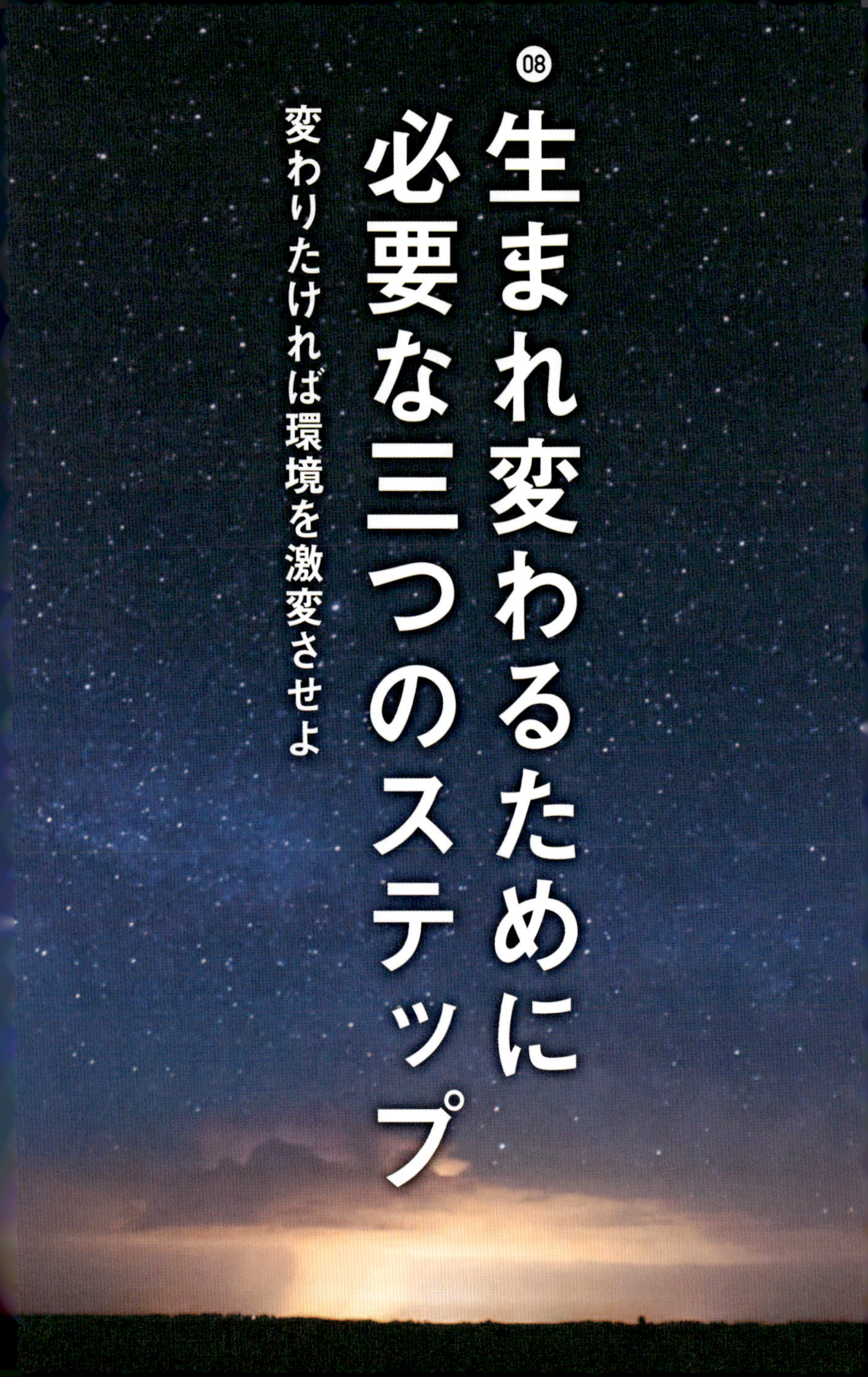

08

生まれ変わるために必要な三つのステップ

変わりたければ環境を激変させよ

STEP 1

改めて決意する

人間は、何か困難や問題があると「決意を新たにして」生まれ変わろうとする。

しかし、次の日を迎え、同じ過ちをしてしまったり、それ以上の問題を抱えたりもする。

「ああ、なぜ僕は変わることができないんだろう……」

と後悔するが、実際に短期間で劇的に変わることは期待できない。

僕にも同様の悩みがあった。
ある日、尊敬する上場企業の社長に相談してみたところ、
その社長は、僕に生まれ変わるために必要な三つの事を教えてくれた。

STEP 2

①時間設定を変えてみる

人間は習慣の生き物で、それは就寝時間や起床時間だけではない。
食事の時間や出勤時間まで、目指す自分のライフスタイルに合わせて
時間を変化させるのだ。

人間は誰もが問題に直面したとき、新しい決意をする。

しかし、いくら新しい決意をしても習慣によって過去の思考に逆戻りさせられてしまう。

キミに憧れる人がいるなら、そのライフスタイルを観察してみよう。

きっと、あなたとの違いに気がつくはずだ。

憧れる人の起床時間や就寝時間、彼は何時から食事をして、
二次会に行くのかどうかまで、徹底的に研究するのだ。

生活習慣が違うのに憧れる人と同じになれるわけがない。

成功する人には、成功するためのライフスタイルがある。

STEP 3

②住むところを変えてみる

住むところを変えることは、簡単な事ではない。
しかし、生き方を変えるには有効な方法だ。
住んでいるところが変わると時間配分が変わってくる。
会社や学校から遠い人は通勤や通学の時間に多くを取られている場合があるし、
その時間が短いからといって、時間を無駄に使っている人も多く見られる。
また、休日の過ごし方が変わる。

いつもは家から出ない人も、沢山の自然に囲まれた場所に住むと、レジャーに行きたくなるかもしれない。
住むところは、他人との付き合い方やお金の使い方にも影響が出る。

STEP 4

③友人を変えてみる

友人は、あなたの人生を左右する重要な存在だ。
人間の決意の質は、友人の質に依存すると言っても過言ではない。
しかし、多くの人は、友人を選ぼうと考えていない。
僕の場合、一緒に過ごして楽な友人はほとんどいない。
一緒にお酒を飲むといつも刺激があり、必ず何か持って帰れるところがある。
事業の事や個人の考え方、家族の事に至るまで自分に勝る部分がある友人は宝物だ。
自分より勝る友は、キミの決意の質を高める重要なファクターなのだ。

09

期待値を制する者は人生を制する

相手を魅了するサプライズのチカラ

STEP 1

相手の期待値を超えろ

どんなことでも相手の期待を超える働きができれば、成功する人としてのチケットを手に入れたも同然だ。

お客様や上司だけではなく、家族や子どもに対しても、常に期待を意識し、期待を超える。

そんな考え方を、私たちは持つ必要がある。


この本を読む読者の中で、仕事に不真面目に取り組む人は少ないと思う。

しかし、一生懸命努力しているのにもかかわらず、なぜか成果が上がらない。

僕の友人のひとりも同様の悩みを抱えていた。

彼は広告代理店に勤め、勤務態度も真面目なのだが、
いつも上司に叱られるという悩みを持っていた。
ある時、彼が相談に来た。
「どれだけ一生懸命やっても成果が上がらなくて叱られてしまうんだ。
俺は上司に嫌われているのだろうか」

詳しく聞いてみると、彼は上司から営業先のプレゼン資料作成を頼まれたようだった。

「僕は、一生懸命努力して資料を上司に提出したんだ。でも上司は喜ばなかった」

僕は彼の話を詳しく聞いた。

すると、ある視点が欠如していることがわかった。それは「上司が期待する値」だった。


彼は確かに努力していた。

しかし、**上司が望んでいる期待値を全く理解せず、自分の物差しだけで努力していたのだ。**

STEP 2

この世はすべて期待値で動いている

たとえば、大好きな彼女とデートするとしよう。

彼女は、必ずキミに何かを期待しているはずだ。

どんなレストランに連れて行ってくれるのかな？

どんな話で盛り上げてくれるのかしら？

彼女の心の中は、キミに対する期待値で一杯だ。

もちろん高価なプレゼントをしなさいと言っているのではない。

大切なことは「彼女の期待を超える」ことなのだ。

キミが彼女の期待値を超えるサプライズができた時、きっと二人は幸せな時間を過ごすだろう。


今回の友人の体験談ではもうひとつ重要な学びがある。

それは、上司の叱り方である。


どんな人間でも部下が作った内容が自分の期待値以下だった場合、叱りたくなるだろう。

しかし、しっかりした説明もせずに叱ってはいけない。

それは、欲しい物が手に入らない赤ちゃんと同様の行為なのだ。


成功する上司は部下を叱責する時、必ず自分の期待値がどうであったかを伝える。

なぜなら、期待値を理解していない部下は、頑張ったのに叱られたと思うからだ。


僕らの世界はすべて期待値によって動いていると言ってもいい。

恋愛や仕事、お客様の心まで、すべて期待値によって形成されている。だからこそ、相手の期待値を見誤ってはいけない。**成功する人は必ず相手の期待値を捕らえている**のだ。

Chapter 2

出会いと知恵の扉を開ける

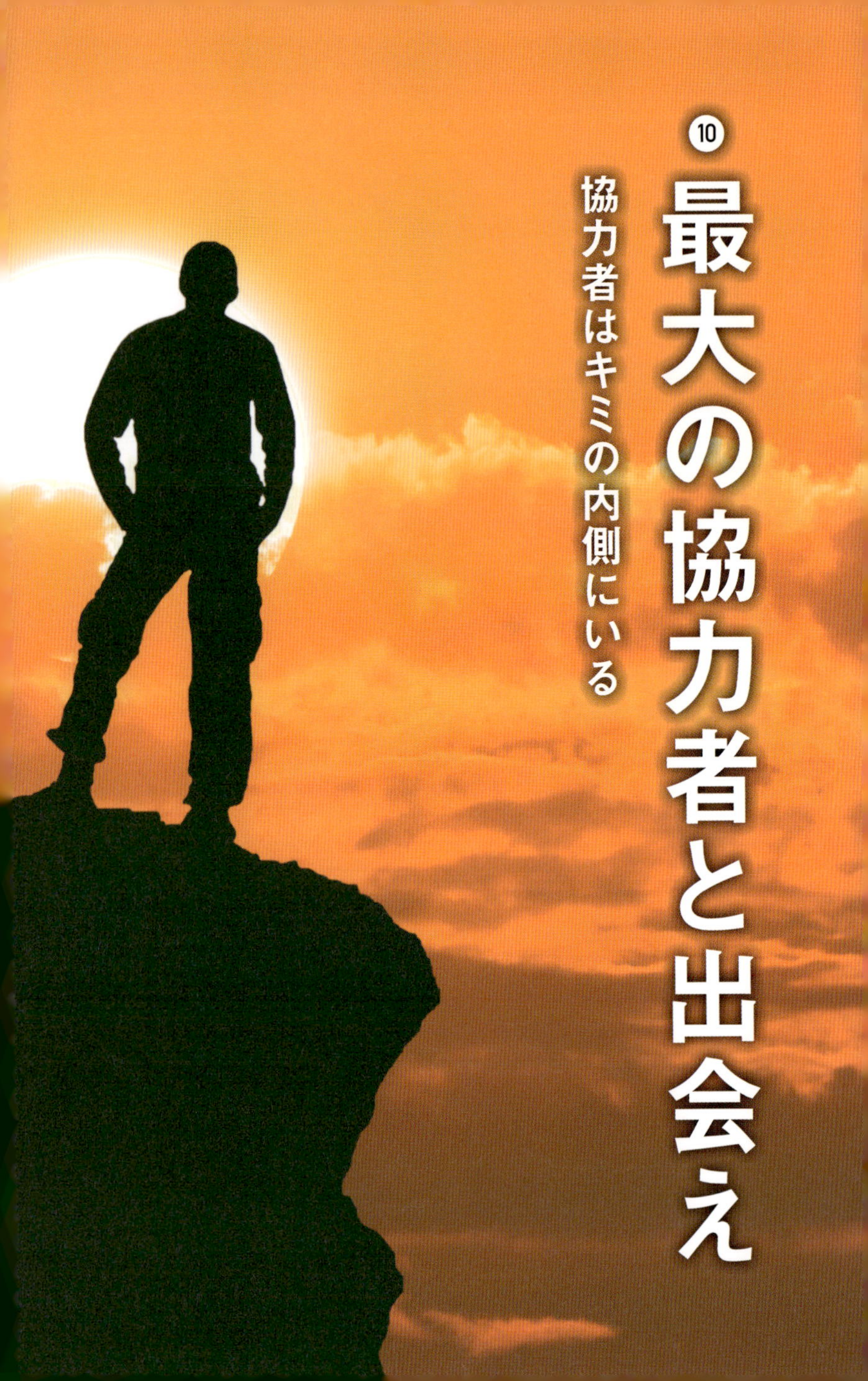

⑩ 最大の協力者と出会え

協力者はキミの内側にいる

STEP 1

自分の中のもうひとりの自分

成功する人には、必ずどんな時にも裏切らない最大の協力者がいる。

それはキミが困難に直面して苦しい時にも「キミなら必ずできるよ」と励まし、キミが有頂天になっている時には「そんな事では成功しないよ」と戒めてくれる。

一般的に経営者は孤独というイメージがあるようで、様々な本でも孤独が美徳として紹介されたりしている。

しかし、真の成功する人は、決して孤独ではない。

なぜなら先述したように、成功する人には必ず最大の協力者がいるからだ。

では、その協力者とは一体誰なのか?

孤独な経営者は、必ず外側に仲間を求めると言われる。

友人や、恋人もその対象で、自分が不安に押しつぶされそうになると、誰かと共に時間を過ごし、その不安を和らげようとする。

逆に真の成功する人は自分の内側に仲間を求める。

自分の努力は誰よりも自分自身がわかっているし、自分がダメなことをすると、自分の中の何かがブレーキをかけてしまう。

つまり、最大の協力者とは**自分の中にいるもうひとりの人格**なのだ。

STEP 2
何でも知っているもうひとりの人格

成功には、自分の中にいるもうひとりの人格の存在が大きく影響する。
例えば、キミが会社の近くを歩いている時、道路に空き缶が捨てられていたとする。
自分とは何の関係もないゴミ。
今の自分は拾って捨てることもできるし、無視することもできる。
そんな簡単な状況にも、真の自分の存在は発動する。

「ゴミを拾って捨てる方が良いことである」
成功する人達は、この言葉に大きく突き動かされるのだ。
そしてこの言葉のとおりにゴミを拾って捨てる。
もちろん、ゴミを拾うという行為は誰かが見ている訳ではない。
しかし、自分の人格はキミがどのような行為をするのかを見ているのだ。
自分が正しい事をするのか、それともしないのか？
それは、キミと最大の協力者との協力関係が生まれる瞬間なのである。

STEP 3

神様が応援してくれるか

キミが成功する人として生きていく途中には、必ず多くの誘惑があるだろう。

例えば、何かを偽装することで莫大な利益が得られたり、誰かを不利益にする事で自分の立場が良くなる。そんな誘惑に負けて、信頼と成功を手放す人達は沢山いる。

しかし、**真の成功する人達は、それらの誘惑に負けることはない。**

彼らには常にもうひとりの人格が側におり、何が正しい判断なのかを教えてくれるからだ。

先日、日本一のフランチャイズ・プレーヤー（同一チームの第一線で活動し続ける選手）として引退した山本昌選手も同様の名言を残している。


「僕は、野球の神様の信者なんだ。ダッシュでも、たまには1本くらいサボりたくなるけどそういうことは絶対にしなかった。

神様が見てると思うとサボることはできない。野球に対してウソをついたりしたら、神様は絶対に見抜くよ」。


出典『覚悟を決める心　山本昌　語録』（山本昌著、青志社より）

⑪ 自分以外をすべて師とせよ

学びは机の上だけではない

STEP 1

師を求める

成功する人は、多くの知識を持っている。
しかし、すべてが机の上で勉強した訳ではない。
彼らは、必ず日々の生活を常に学びの場として意識している。
僕らは、年齢を重ねる度に後輩や部下などの存在ができる。
そして様々な事を教えなければならない立場になるが、
教えるという事は、場合によってはキミの成長を止めることがある。

僕の友人に小学校の教師がいる。
彼はいつも教えることのネタ探しばかりしている。
どんなふうに教えれば、子どもたちの理解が深まるのか。
彼が持つ子どもへの情熱は、本当に素晴らしい。
ただ、彼には気になる部分がある。それはお行儀が悪い点だ。
彼はふたりで会食に出かけると必ず、食べきれないほどの料理を頼む。
そして料理がテーブルに並べられると、「いただきます」と手も合わさずに手当たり次第に箸をつつくが、すべてを食べずにまた新しい皿に手を伸ばす。

最終的に食べきれる事はなく、お茶碗には、必ずご飯を残して食事を終了する。

ある時、僕は彼に聞いた。

「今の小学生はお茶碗のご飯を残してもいいの？」

彼は、悪びれることもなく「みんな残さず食べるよ」と答えた。


教師は教える仕事だから、子どもたちから学ぶことはないのだろうか？

お行儀の部分では、明らかにこの教師よりも子どもの方が優秀である。

しかし、彼は教えることばかりに目を向け、子どもから学ぶことはない。
優秀な師とは必ず常に学び、成長している存在だ。
それは相手が子どもであっても関係ない。
仮に子どもが真剣な表情で「いただきます」と手を合わせていれば、
その姿を見て自分の行動を見つめ直し、改めて食べ物に対する感謝の心を学ぶはずだ。
それは自分にとって都合の悪い人間であっても同様だ。
自分が個人的に嫌いな人間を認めることができる人間は少ない。

しかし、他人は自分にとって師となり得るという事を成功する人は忘れてはならない。

STEP 2
学びとは自分の状態

学びの本質は、学問の種類や教師の質ではなくキミの学ぶ状態だ。

どんなに優れた学問や教師を目の前にしても、キミが授業中に寝たり、休んでしまっては優れた学問は手に入らない。

しかし、どのような種類の学問でも、キミが何かを学ぼうと思えば、必ず得るものがあるだろう。

つまり、**学びとは相手の質ではなく自分の状態**を言うのだ。

キミが成功する人を目指すなら、常に自分以外の人間を師と思わなければならない。

相手がたとえ子どもであっても、後輩であっても、キミが本物であれば必ず学びは訪れる。

だから、僕は常にこの言葉を意識する。

「学び手が本物であれば、師はどこからでもやってくる」

⑫

友を選び、友に選ばれる生き方

最も重要な選択

STEP 1

人間は外的要因に影響を受ける

成功する人と言ってもひとりで成長する人間はいない。
優秀な人間には、必ず優秀な友の存在があり、
僕らは自分の付き合う友人を選ばなければ成功はできない。
この世に存在するすべての生物は、必ず外的環境に影響を受ける。
真夏の炎天下にいれば汗はかくものだし、
冬の寒空の下では、体を温めないと命さえ失ってしまう。
友人の存在も同じだ。彼らは、必ずキミの人生に大きく影響を与える。
優秀な友人が側にいれば、キミは負けないように努力するだろうし、
頼りない友人ならば、安心感をもって努力はしないだろう。
僕ら人間はとても弱い部分を持っている。
自分のアイデンティティーを見つける事ができず、
自分が何者であるかが解らない時、人は不安を抱える。
自分の存在価値の理解は、成功する要因としてとても重要だ。
そして存在価値が理解できない時、他人の成功は自分を見失う要因となったり、

他人の不幸は自分を安心させる要因となったりする。
こうなってしまっては仲間を選ぶどころか、自分が相手の足を引っ張り、
自分以下の人間を探すようになる。

STEP 2
キミも選ばれている

優秀な仲間とは、どこかの部分でキミより勝るものを持っている人間の事をいう。

事業の業績や、人間性、芸術や文学に至るまで分野は関係ない。

そのような人達との付き合いは、キミの弱い部分を刺激し、
キミをさらに上のステージへ導いてくれる。

僕は、自分よりも勝る仲間を**「勝己《しょうこ》の友」**と呼んでいる。

いくら己に勝る友が大事だと言っても、キミが一方的に負けているのであれば、
いつかその友人はキミから去って行くだろう。

なぜなら、彼らもキミを選んでいるからだ。

彼らも成功のために友人は選んでいる。

そして、それらの友人同士で取引が行われる事は多くはない。

真の友人とは存在と近況をシェアし合うだけで、一冊の本を読むよりも刺激があるのだ。

STEP 3

友人の質で未来は１００％決まる

一般的に友人の価値とは
「気が合う」「楽しい」「趣味が合う」などの理由で選ぶことが多い。
しかし、成功する人は別の基準で選んでいる。それは、
「互いに成長できる存在であるかどうか」だ。

聖人であるブッダはある時、側近のアナンにこう尋ねられた。
「頭が良く、自分を指導し導く仲の良い友人がいるなら、その友人の力で成功の半分はなしえることができると思うのですが、ブッダはどうお考えでしょうか？」

ブッダはアナンにこう答えた。
「アナンよ。半分ではありません。良い友と出会い、良い友と過ごし、良い友と互いに高め合うことができれば、完全に成功できるのです」

成功する人を目指すなら友を選び、友に選ばれる人間になるべきなのだ。

⑬ 人脈よりも絆を求めよ

プライベートと仕事を分けるな

STEP 1

人脈は必要ない

僕がサラリーマンになった頃、先輩によく言われた事がある。
「人脈をつくることはとても大事だから、異業種交流会には行きなさい」
そう言われて僕は、沢山のセミナーや異業種交流会に出向いた。
何枚も名刺を交換し、ひとりひとりにお手紙を書いて人脈を広げようと努力した。
それから15年は経過したが、それらの交流会でお会いした人で、
現在までお付き合いが続いている人は、ひとりもいない。いや大げさに言えば、
大きな仕事に結びついたことさえない。だから、僕はハッキリ言い切れる。
異業種交流会は、時間とエネルギーの無駄だ。
学生時代や規模の大きい会社でも同様のことがある。学生時代に同じ学校だからといって
仕事に結びつくこともないし、同じ会社でも付き合いがなければ、
挨拶をするだけの関係で終わるだろう。
どれだけキミが相手と近い関係にいたとしても、深い関係にまで至らなければ、
そこから何かが生まれることはないのだ。

STEP 2 プライベートは絆をつくる時間に

今の若い人たちを見ると、仕事とプライベートは別だという考えの人が多い。

しかし、相手との絆を深めようと思うなら、プライベートは積極的に使うべきだと思う。

なぜなら、絆がないのに大きな仕事がキミに回ってくることはないからだ。

僕は、若い頃から先輩や大物経営者のカバン持ちをよくやった。

あるパーティでどうしても関係をつくりたい経営者と出会った。

何度も面識はあったが、その経営者と絆までの関係は出来上がってなかった。

そこで僕は、2時間のパーティの時間中は、その経営者の側を離れなかった。

少し置いた距離で彼の動きを観察し、じっと後をつけ回したのだ。

そしてパーティも終わりに近づいた頃、その経営者が僕にこう言った。

「タクシーを手配して入り口で待ってて。次の店行こう」

この時、僕は心の中でガッツポーズをした。僕は粘り勝ちしたのだ。

予想通り、僕は次の店で二人っきりでゆっくり話す時間を得た。

そして、大きな仕事を頂いたのである。

そのパーティは、その経営者以外にも数多くの著名人が参加していた。

もし僕がトレーディングカードを集めるように多くの著名人たちと名刺交換をしていたら、今の僕はいないだろう。

STEP 3 絆をつくりたければ相手の事を毎日考えろ

相手との絆は一回や二回の飲み会ででき上がるわけではない。

例えば、お食事をごちそうになれば、帰宅してその日のうちに速達でお礼状を書く。その後、前回の打ち合わせで頂いた気になるポイントを調べ、メールとともにお仕事の打ち合わせやお食事の申し込みをする。

今はとても便利な時代になっていて、フェイスブックで相手の近況がわかる。フェイスブックは、どちらかというと自分の自慢や経験をシェアするツールだ。どんな人間でもアップした記事に共感を求めているのだ。キミの頭の中に、絆をつくりたい人が常にいるのであれば、とても簡単な作業だろう。

だから、キミが本気で絆を求める人に会ったら、プライベートを存分に使えばいい。

そして、なぜ僕は彼と絆をつくりたいのかをよく考えるのだ。どんな人でもボランティアでお付き合いしてくれる人はいない。相手にも利益があり、その結果キミも幸せになる。互いにそれが理解できた絆は、キミの人生を豊かにするだろう。

⑭

苗は引っ張らず、栄養を与えよ

ムリに求めれば根は抜ける

STEP 1

昨日の自分と競争する

人生は誰かと競争をしているわけではない。

年齢や性別も違えば、体格だって全然違う。

そんな他人と競い合った先に、何が待っているのだろうか？

くすんだダイヤモンドと別の石を比べたところで、
くすんだダイヤモンドは一向に輝くことはない。大切なのは、ダイヤモンドを磨くことだ。

昨日よりも今日。今日よりも明日。**自分というダイヤモンドを磨く。**

その繰り返しが、成功する人の道へと繋がる。

毎日成長し、新しい自分として生きていくことを昔の人達は**「日新《にっしん》」**と呼んでいた。

STEP 2

苗を引っ張らない

成功する人は、常にこの「日新」を意識している。

ある時、僕のオフィスにひとりの女性が相談にきた。

彼女には高校生の息子がいるという。

彼女の息子は小学校、中学校とエリート進学校に進み、関東最高峰の高校に入学した。

しかし、ある日、彼の高校から連絡があった。

「息子さんが下校の途中で万引きをして、警察に事情聴取を受けているようです」

彼女は動揺した。いつも真面目で親の言う事をよく聞く子なのに万引きなんかするはずがない。急いで警察に向かった彼女は、息子の表情を見て目を疑った。


制服の胸元は大きく開き、警察に対しても反抗的な態度で受け答えをする姿は、彼女の知る真面目な息子ではなかった。

「なんで万引きなんかしたの？　お金はちゃんと渡してるでしょ」

その後、彼は学校を退学し、引きこもりとなった。

両親の期待を受け、もっと上へもっと上へと言われ続けて生きてきた彼は、どこかで何かが狂ってしまったのだ。


植物は、どんなに劣悪な環境であっても、自分のチカラで光合成をしようと太陽を探す。

水がなければ土の中をまさぐるように根を伸ばし、わずかな水分でも手に入れようと努力する。

そうやって自然界は成り立っていて、植物も生きているのだ。

しかし、どんなに粘り強い植物でも、早く伸びろと人間の手で茎を引き上げられると、いつか根は土から外れ、枯れてしまう。

彼は両親から大いに期待され、伸びろ、伸びろと常に茎から上に持ち上げられてきた。その結果、根が外れてしまったのだろう。

STEP 3

成長の糧となる考え方を与える

人間は誰かに言われて成長するのではなく、自分の意志によって成長する存在だ。だから、親や上司は、過度に茎を引き上げるようなことはせず、ただ、添え木と栄養をやればよい。

添え木は人生の道しるべだ。何が善で何が悪なのか。良心を判断基準にして働き、生きていける道筋を示すだけでいい。

栄養とは愛情だ。

海よりも深い愛で相手の成長を思い、常にとなりで見守ってあげる。

そんな状態の時にこそ、人間は著しく成長する。

成功する人は常に日新しながら、愛と道しるべを糧として輝くのだ。

15

自分の言葉を磨け

カラダから出す言葉に責任を持て

STEP 1

言葉の奇跡

人類にとって最も重要なツールとは「言葉」である。

僕らは、この言葉という能力をうまく使う必要がある。

「言葉」は目に見えないものではあるが、必ず誰かのカラダから生まれる。

怒りに囚われている人には、怒りの言葉が生まれる。

やさしさに包まれている人には、愛の言葉が生まれる。

成功する人は、必ずこの「言葉」を磨いている。

なぜなら、言葉は自分から発するものだという事を理解しているからだ。

地球上で生まれる言葉には必ず、発言した人間に責任が生まれるのである。

言葉には形はないが、言葉からは必ず物語が生まれる。


ある武術家は、僕にこんな事を言った。

「人を殺《あや》めるのに武器は要らない」

人間の強さとはカラダの大小ではなく、精神の強弱で決まる。

いくら立派な体格の人間であっても、

精神が弱ってくると、必ず何らかの病魔に蝕まれるというのだ。

そして精神は言葉によって弱る場合が多い。

「キミ、顔色悪いよ」

何でもないように聞こえるこの言葉も、
見えないうちに相手のカラダの中に入り込む。

「顔色が悪いって事は、もしかしたら大きな病気かも知れない」

「うちの家系にはガンが多いからもしかしたら……」

そして、目に見えない言葉は僕らの精神に突き刺さり、徐々に体を弱めてくる。

もし、次の日も、その次の日も同じように「顔色が悪い」と言われ続けると、
僕らは本当に病気を呼び寄せてしまうだろう。

僕らは、見えない言葉に大きな影響を受けるのだ。

STEP 2
言葉は磨かれるという自覚

先述のように言葉にはチカラがあり、それらは意志によって磨かれる。

例えば、家族との会話でもそうだ。

毎日、家事や育児を一生懸命にやってくれる妻に対して、通り一遍の言葉だけで、

やって当たり前のような顔をしていたら、妻はいつか必ず嫌な気持ちになるだろう。
これは、子どもや職場の仲間に対しても同様だ。
キミが発する言葉の質によって、相手の受け取り方が変わることを知っていれば、どのように発言すれば相手に気持ちが伝わるかが理解できる。

言葉とは、相手に自分の気持ちを正しく伝えるためのツールなのだ。

その大切な伝達ツールに、キミの意図しない表現が含まれていたらどうだろう？
キミが感謝の気持ちを伝えようとしたとしても、
相手が意図とは別に、「馬鹿にされた」と受け取ったなら、
キミの心や人格は無条件で別の人格だと思われてしまう。

このように磨かれていない言葉は、大きな問題を生む危険もあるのだ。
キミがサラリーマンとして生きようが経営者として生きようが、
言葉はキミの内側から生み出されたすべてだ。
いい加減な言葉を使う人間は、いい加減な考えしか持たない人間と同じ。
キミの物語を成功に導きたいなら、言葉を磨くのだ。

⑯

欲しければ与えよ

求めれば周りは離れていく

STEP 1

他人を利する考え方

多くの自己啓発本や成功者の名言には、必ずこのような一文が書かれている。

「自分よりも他人の利益を考えよ」

果たして、この考え方は本当なのだろうか？

結論を先に言えば、この考え方は100％、間違いなく本当だ。

他人の利益を先にし、自分の利益を後にすることは、成功する人にとって最も重要な考え方である。

しかし、多くの人はこれとは逆の行動をしてしまう。

はるか昔、ある優れた師の下にふたりの弟子が学んでいた。

彼らは師の教えを熱心に学ぶのだが、ひとつだけ確信が出来ないことがあった。

それは師の教える「利他」という考え方だった。ある時、彼らのその疑問を知った師は、ふたりにある実験をさせた。

「これから一週間の間、ふたりにはある競争をしてほしい」

彼らの競争とは、一週間でどちらが多くのお金を持って帰ってくるか、というシンプルなものだった。ただし、この競争には一つのルールがあった。

それは、先に出発する弟子は必ず、
自分のことだけを考え、「お金をください」と物乞いをするというルール。
もう一方の後から出発する弟子は、物乞いは一切せずに、
「何かお困り事はありませんか?」と問いかけ、
お金の話をしてはならないというルールだった。
始めに出発した男は毎日、出会う人にお金をくださいと言い続けた。
そして、次の日も次の日も、お金を求めて歩き続けたが、
残念ながらお金は1円も集まらなかった。
逆に、後から出た弟子は順調だった。道を歩く人ひとりひとりに、
「何かお困り事はありませんか? 何かあれば私がお手伝い致します」
と言って歩き続けた。
ある人には瓦の修理を手伝ったり、母の話し相手になってくれという依頼もあった。
すべての仕事の後には、必ず喜ばれ、何か御礼の品をくれた。
ミカンや野菜、時には現金をくれる人がいた。
ここまで書けば結果はわかるだろう。
毎日、「お金をください」と歩いた弟子よりも、
「何かお困り事はありませんか?」

と聞いて歩いた弟子の方が圧倒的に競争に勝ったのだ。

STEP 2
天国と地獄も人の心が決める

事業経営において「利他」という言葉を話される。

京セラの稲盛和夫名誉会長の話を始めて聞いたのは、僕が30歳になろうとする時だった。

地獄では、大きな釜の中でおいしそうなうどんが湯気を立てて煮えている。

皆、腹を空かせているためうどんを食べようと競って大釜に近づく。

ところがそこにある箸は長さ1メートルもあって、上手く口に運べない。

皆、我先に食べようと狂ったように貪り合う。

やがてケンカが起きてうどんは周囲に飛び散り、誰も食べることができなくなる。

天国とは、同じ釜の周りに腹を空かせた人が集まっている。

人々はうどんを長い箸でつまむと、釜の向こうの人に「どうぞ召し上がれ」と差し出す。

するとその人は「ごちそうさまでした。今度はあなたにごちそうさせてください」

と自分の箸でうどんをとってお返しをする。

こうしてすべての人がおいしいうどんを食べることができた。

何か欲しい物があれば他人を先に喜ばせる。これはシンプルな自然の法則なのだ。

⑰

神は他人の口から大切なことを伝える

小さなヒントを見逃すな

STEP 1

聴くことの重要性

「実るほど頭を垂れる稲穂かな」という言葉にもあるように、多くの成功する人は、規模や実績が大きくなるに従い、さらに謙虚になると言われる。

しかし、これは簡単なことではない。

年齢が若い頃には、誰もが多くのアドバイスをもらえる。

先輩の失敗談や経験は若い人にとっては貴重な教訓だし、先輩、後輩という関係性からも相手の意見を聞き入れやすい。

しかし、立場や役職が偉くなれば状況が変わってくる。どんなにキミが失敗しようとも多くの部下は、キミを叱らないだろうし、キミも部下に叱られようともしないだろう。

そうして多くの人は、聴くという大事なことを忘れていく。

どんなに親しい友人や恋人であっても、自分を否定されるのは嫌なことだ。

上司が突然現れて

「キミの仕事のやり方は問題があると思うよ」と言われたら決して楽しいものではない。

しかし、それらの言葉を馬鹿にしてはいけない。

なぜなら、**神はキミに必要なアドバイスを他人の口を通じて伝える**といわれるからだ。

STEP 2

神様からのアドバイス

「お客様は神様です」という言葉がある。

これはあながちウソではない。

ビジネスの世界において、神からの伝達が行われるのは顧客の口を通じての場合が多い。

例えば、僕の会社では外国人を使ったモニターサービスをしている。

その事業では、日本の製品が海外でどのように販売されるかを調査し、製品を現地で販売できるようにローカライズする仕事である。

ある時、日本製の電気シェーバーを海外で販売するという仕事を受注した。

その製品は、日本でも人気のある有名ブランドの電気シェーバーだったが、ヨーロッパでは一向に売れる気配がなかった。

僕らはメーカーの担当者と共に頭を悩ませた。

デザインが悪いのか？　それとも髭のソリ心地が悪いのか？

途方にくれた僕らは、実際に外国人に髭を剃ってもらい、感想を聴いた。

イギリス人やフランス人など、髭の濃い外国人20名に協力してもらい、実際の髭を剃るテストを行った。そして思いもかけない結果を聴くことになった。
集まった外国人たちのアンケートでは、ソリ心地もデザインも申し分ない結果だった。
しかし、共通する違和感があった。それはシェーバーのモーター音だった。
そのモーター音は、日本人からすれば一般的なモーター音で違和感はないものだった。
だが、外国人にとっては「虫が耳の周りで飛んでいる気がして嫌だ」というのである。
メーカーは、直ちにモーターを再開発し、無事に海外での販売に成功した。

STEP 3 自然界の不思議な法則

成功への道と言われると、どのように前に進めて良いのかわからない。
しかし、目の前の現象や周りの声を意識して聴いていくと、
キミを成功に導くヒントは多く隠されている。
自然界には不思議な法則がある。
天気の前日は沢山の星空が見えたり、雨が降る前には何か湿っぽい臭いがするのと同様に、
キミを成長させるヒントは様々な所に隠れている。

⑱

天地自然の法則

核心はシンプルであり当然

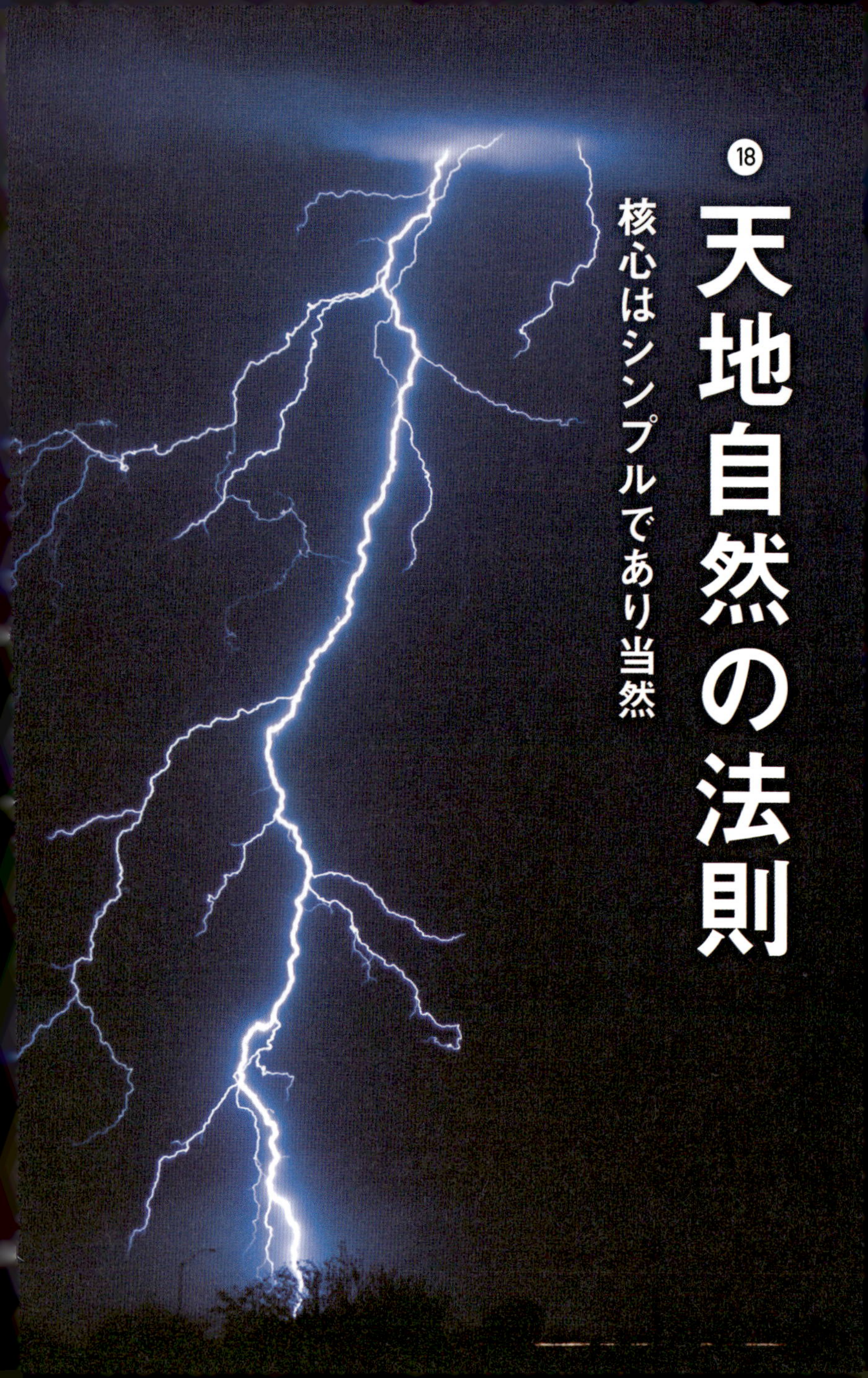

STEP 1
この世に生きるすべてのものに共通する法則

この世には、成功する人が確信している「天地自然の法則」というものがある。

それは、生物が生きていくうえで重要な要素であり、
人間もこの法則に従って生きている。その法則とは次の文である。

「この世のすべての物（者）は、自分が一番大切で自分を大切にしてくれる所に集まる」

そんなの当たり前だよ、と思う人もいるかも知れない。

しかし、これを理解して実践している人は、極一部の成功する人だけなのである。

ウェブサイトでは、この天地自然の法則に反論する人がいる。

例えば、自分よりも家族が大切だ、という類いのコメントで、
それは僕にとっても理解できる。

しかし、僕が言っているのは成功するための考え方だ。

キミが成功する人として成長していくためには、多くの人に好かれる必要があるし、
顧客の心理を誰よりも理解する必要がある。

新しいビジネスを起こしても、必ず発展する法則を身につけなければならない。

STEP 2

天地自然の法則と顧客

「顧客は自分が一番大切で、自分を大切にしてくれる所に集まる」

これは、天地自然の法則を顧客視点で考えた大事な法則だ。

キミが顧客相手にビジネスをする場合、当然、顧客はキミの事など考えてくれない。

例えば、キミがビジネスを起業した場合を考えてみよう。

キミは仕入れ金額１０００円で商品を仕入れたとする。

それをいくらで販売するだろうか？　キミはこう考えるだろう。

仕入れがとても大変だったので利益を２５０円上乗せして、

一つ１２５０円で販売しようか。それとも、もう少し利益を乗せるだろうか？

いくらキミが真剣に考えても、その考えでは顧客にとっての正しい答えは出ない。

なぜなら、その考え方は天地自然の法則に反するからだ。

顧客にとっては、キミが努力をして仕入れたことなど、どうでもいいことだ。

それはキミの価値観であって、顧客にとって大切なのは１０００円で仕入れたという

事実よりも、その物が価格よりも安いと思えるかどうかだ。

なぜなら、仕入れ額が１０００円ということは、

顧客も何となくはわかっている。それなのに、頑張って仕入れたからその分、利益を上乗せして多く払ってください、という考えでは成功などはあり得ないのだ。

天地自然の法則とは**「顧客は自分のことを考えている」**ということだ。
つまりキミが「安く仕入れて高く売る」という発想をしている限り、成功はあり得ない。

STEP 3 高く仕入れて安く売ればビジネスは成功する

天地自然の法則では「高く仕入れて安く売る」
これによってビジネスは成功すると考えられている。
しかし、多くの人は「そんな事をすれば倒産するよ」と言う。
それは、業者の視点から考えているからそう思ってしまうのだ。
つまり、顧客の視点で価値を最大に高めることが大事なのだ。
キミが何かを売る時、仕事で商談する時も同情や、商品に頼るだけではいけない。
最も大切なのは、**顧客が感じる価値を最大にすること。**
それが天地自然の法則にしたがって成功する人なのだ。

困難を乗り越える

chapter
3

⑲ 恐怖をエネルギーに変えよ

恐怖心は最大の肥やしである

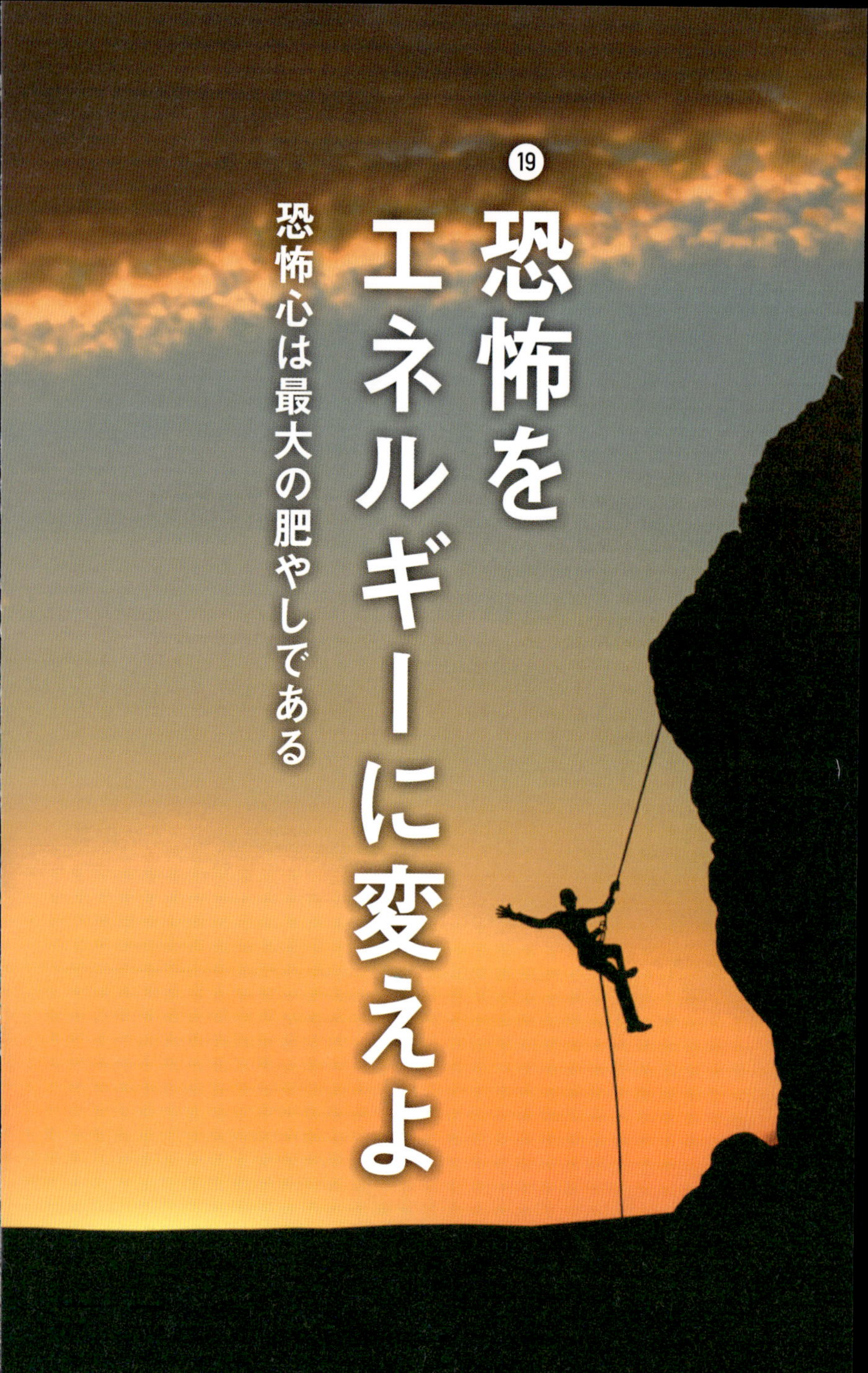

STEP 1 キミを襲う恐怖

成功する人というと、強靭な精神の持ち主だと思うかもしれない。

しかし、私の知る限りでは、臆病で神経質な人が多いように感じる。

事業で新しい企画やプロジェクトを始めるとなると、不安で眠れないとか、食欲がなくなり体重を落としたりする人も沢山いる。

僕らは、何か新しいことにチャレンジしようとする時、どこか恐怖に襲われるが、成功する人たちも同様に恐れを感じているのだ。

STEP 2 恐怖への対処法

しかし、成功する人は、目の前に迫ってくる恐怖に、ただ怯えているだけではない。

彼らは、恐怖を自分のエネルギーに変える方法を知っている。

強烈な恐怖は、成功するために必要な糧であり、それをエネルギーに転換できるかどうかが、成功する人になれるかどうかの分かれ目なのだ。

一般的に何か問題があっても、「食事の時くらいは忘れなよ」なんて言葉を聞くが、成功する人は絶対に忘れることができない。
なぜなら、成功する人は問題を放置したら未来がどうなるかを知っているからだ。
どんなに大きな恐怖にも真っ正面から向かい合い、
食事の時もシャワーを浴びている時も、
寝る寸前まで知恵を絞って問題を解決しようと努力する。
そうやって四六時中考えた結果、思いもよらない解決策を生み出すのだ。

STEP 3
経営の神様の一言

2010年頃に、松下政経塾の人たちと合宿する機会があった。

そこで有名な熱海会談のエピソードを聞いた。


不況の中、松下電器系列の多数の販売会社や代理店が赤字経営に落ち込んだ。

当時、松下電器（現パナソニック）の会長だった松下幸之助は、「実情を教えて欲しい」と、販売代理店の社長ら200人を熱海のホテルに招いて懇談会を開いたのである。

それは東京オリンピックが開催された1964年のことで、

高度成長のシンボルであった家電製品はほぼ普及し、
金融引き締め政策が重なって需要は停滞していた。
販売会社の中には、資本金500万円で1億5000万円の欠損を出す代理店もあり、
松下電器への不満は爆発した。
松下幸之助は「経営の神様」とも呼ばれ、成功した人の代名詞でもあるが、
当時は苦境に立たされていたのだ。
販売代理店は「製品が悪い」「売り方が悪い」など、松下電器を非難し続けた。
その時、松下幸之助はこう反論した。

「苦労していると言うが、
この中で血の小便をするほど苦労している人はいるのでしょうか？」

その後、松下幸之助は販売店に感謝とお詫びの言葉を述べ、
そこから松下電器の躍進が始まる。

その時、血の小便を流していたのは幸之助自身だったのではないかと思う。

どんなに苦境に立たされても、それを真剣に受け止め、自分のエネルギーへと変化させる。

これこそ、成功する人が天才と呼ばれる所以《ゆえん》なのである。

⑳

常識を疑え

世界のウソを見破る目を持て

STEP 1
固定観念はキミのチカラを奪う

僕らの世界には、常識と言われる固定観念が渦巻いている。

「高学歴であれば勝ち組で、学歴がなければ幸せになるのは難しい」

「大企業のサラリーマンや公務員は、安定した幸せな人生を歩める」

「玉の輿に乗れば人生は幸せになる」

一般的に良いとされている常識は、本当に正しいのだろうか？

僕らは一定の年齢に達すると義務教育というシステムの中に組み込まれる。
ここでのルールは簡単だ。東大をピラミッドの頂点とした、
教育評価システムの中で互いに競争し、順位を付けられ、次のステージへと送られる。
「東大に入学できれば優秀であり、幸せになれる」
全員が入れるはずもない不自然な価値観を基本軸にしながら、生徒たちは競争をする。
負ければ妥協し、また負ければ、その下のクラスを目指す。
子どもたちはとても純粋で、「お前は馬鹿だ」と言われて育てば、
その言葉を信じてしまうし、「キミにはできない」と言われれば、

自分には夢を叶えることができないと思い込んでしまう。

このように子どもの頃にすり込まれた感情は、大人になった僕らに大きな影響を与える。

そして、真実かどうかもわからない価値観を、無意識に信じて大切な夢を諦めてしまう。

しかし、違う。常識に騙されてはいけない。

僕は知っている。

勉強ができないからといって、誰かに負けたわけではない。

大企業のサラリーマンでなくても、家族は幸せに暮らしている。

キミが成功する人になろうとした時、
この**常識という呪縛から解き放たれなければならない。**

STEP 2 心がすべてを決める

ここにひとりの不幸な男性がいる。

彼は結婚式まであと1カ月という時に、彼女に裏切られたのだ。

「心から信頼していたのに裏切られた。なんて不幸なんだ。俺はもう生きていけない」

確かに大変気の毒な話なのだが、もし成功する人なら、彼にこんなアドバイスをするだろう。

「他人の影響であなたが不幸になることはない」


人間は、何かを不幸に感じるのは例外なく自分自身の「心」が影響している。

今回の件は、彼にとって本当に不幸だったのだろうか？

確かに、彼女に裏切られたことは不幸とも言える。

結婚の直前までは幸せだったとも言える。

しかし、結婚がご破算になったということは、
これから世界中の女性とまた恋ができる可能性を得たとも考えられるのだ。

これはポジティブに考えよう、などという単純な話ではない。

僕が言いたいのは、**「不幸も幸福も、常に自分の心が決める」**ということである。

僕も２０１５年２月６日の20時６分に交通事故を起こした。顔面を68針縫い、５日間も意識不明の状態だった。

目が覚めた僕は、自分の人生と考え方を文字にしようと思い、１年も経たずに、この本を出版することになった。

たとえ、事故に遭遇しても、顔面が傷だらけであっても、その意味を決めるのは常に自分自身であり、その意志によるのだ。

21

孤独を愛せ

器はひとりの時間に大きくなる

STEP 1

ひとりの時間がキミを成長させる五つの理由

僕ら人間はひとりで生きていくことができない。
誰かと共に考え、誰かを助け、誰かに助けて貰う。
しかし、成功する人はひとりの時間を大切にする。
別に特別な空間や部屋でひとりの時間をつくる必要はない。
通勤や通学、ランチやショッピングに至るまで、
キミだけの時間を有効に使うことが大事なのだ。

◉一、ひとりの時間で「自分を見つめ直す」

毎日忙しく過ごす時間の中で、キミは自分の存在を考える時間を持っているだろうか？
今まで何をしてきたのか？　これから何をしたいのか？
自分は何のために生まれてきたのか？　これらの質問は第三者に質問しても、
答えは返ってこない。
自分にしか答えることができない大切な質問を自分に投げかけてみるのだ。

◉二、ひとりの時間は「ストレスから解放される」


孤独な時間は寂しい時間と思われがちだ。

しかし、孤独は必要のない付き合いから僕らを解放し、真の姿を映し出すと言われる。

誰かの評価をすべて捨てて、孤独という自分だけの時間を楽しんでみる。

その自由な感覚がキミ本来の姿であり、ストレスのない状態なのだ。


◉三、ひとりの時間は「集中力を高める訓練になる」


周りに人がいると、どうしても意識を他に集中してしまい、目の前のことに集中できないという人も多い。

誰かの動きに気を取られない。

そんな環境は、キミの集中力を鋭い刃物のように尖らせることができるはず。


◉四、ひとりの時間は「優柔不断を治してくれる」


誰かと共にいると、生活のタイミングを合わせる必要がある。

その点ひとりの時間には、すべての決定をキミ自身が行えるというメリットが生まれる。

散歩に行くのも良いし、今日はカフェで読書や映画に行くのも良い。

空腹でもないのにランチに行く必要もなく、すべてがキミの決定で進む。

そんな時間はきっと意志を強くしてくれるはずだ。

◉五、ひとりの時間は「キミの大切な人の存在が見えてきます」

誰も側にいないひとりの時間は孤独を感じる。
心細くなったり、誰かの声を聞きたくもなる。そんなとき誰を思い浮かべるだろうか。
離れて暮らす両親を思い出すのであれば、電話をすればいい。
大好きな恋人が恋しくなれば、次のデートはとても貴重な時間になる。
ひとりの時間に思い浮かべる人は、あなたにとってとても大事な存在だ。

STEP 2 孤独が最上の思考を生む

僕らは孤独の瞬間に初めて自分を感じることができる。
先哲は、僕たちにこんな言葉を残している。

孤独を感じることができて、初めて自分は他人との違いを理解する。
だから僕らは孤独を使いこなし、最高のものを生み出さなければならない。
最上の思考は孤独のうちになされ、最低の思考は混乱のうちになされる。

㉒

明日ではなく今日を生きろ

今を努力せずに明日は来ない

STEP 1

チャンスの神カイロス

機会（チャンス）を神格化した男性神に「カイロス」がいる。

彼の特徴は長い前髪にあり、後頭部がハゲた美少年ということだ。

一般的な例えで**「幸運の女神は前髪しかない」**と言うのは、このカイロスを意味している。カイロスの背中と両足には立派な羽が付いており、その羽を使って素早く日の前を通り過ぎる。

彼を捕まえようと思うなら、過ぎ去ってからではなく、目の前に来た時に前髪を掴むしか方法はない。

この話は、とても良くできていると思う。

人間は生まれた境遇は違うが、チャンスは平等に与えられている。

学校の成績を上げるにも、会社で活躍するにも、好きな異性を射止めるにも、必ず好機と呼ばれるチャンスの瞬間があるのだ。

では、この好機と呼ばれるチャンスはいつ現れるのだろうか。

STEP 2

今、この瞬間が好機

これは僕の高校受験の時の話だ。同じ高校を目指した彼は、毎日5時間勉強すると僕に宣言した。

しかし、ちょうどその日は、年に一度のお祭りの日だった。僕は彼に質問した。

「今日のお祭りはどうするの？」

すると彼はニコニコしながら言った。

「今日はお祭りに行くよ！　決意は明日から」

そう言って、彼はその後も真剣に勉強をすることはなく、結果的に少しランクを下げた高校に入学した。

この話は他人事ではない。

ダイエットの目標にしても、勉強にしても、仕事にしても、失敗する人間は今日の実践を明日に延ばす。

そして、決めた目標を妥協し、好機を逃してしまうのだ。

何かを決意し、実践しようとする時、大事なのは明日ではなく今日、この瞬間からだ。

だからキミも**何か目標を決めたなら、決して明日に先延ばししてはいけない。今日、この瞬間から始めるのだ。**

STEP 3 過去と未来を見る方法

先述の通り、多くの成功する人は、**この瞬間を大切にすることで、好機を見逃さず、決めたことを実践する**ことができる。

今を生きるという姿勢は、もうひとつの利点を生み出す。

それは、過去と未来を予測する能力だ。


仏教の「心地観経《しんじかんぎょう》」には、こんな文章がある。

過去の因を知らんと欲せば、現在の果を見よ。

未来の果を知らんと欲せれば、現在の因を見よ。


つまり、**過去の姿を見たければ今の姿を見ればいいし、未来の結果を見たければ、今の姿を見ればいい**というのだ。

未来は明日から繋がっているのではなく、今日の延長線上に繋がっているのである。

㉓

他人を変えようとするな

世界は自分から広がる

STEP 1 未来を変えたい

「もし、あの人が変わってくれたら僕は出世できるのに」

「なんで気がつかないのかな。あなたのこういう所が嫌いなのよ」


僕らは、今ある現状から少しでも良い未来になるように考えたり、悩んだりする。

そして学校の成績が悪いのも、仕事で業績が上がらないのも、誰かに原因を押しつける。

恋愛や夫婦生活でもそうだ。

恋人や妻に対しても、足りない所を求め、要求する。

どうすれば、相手が自分のことを理解して変わってくれるのだろうと期待する。

しかし、残念なことにキミが望む結果は、この先も得られないだろう。

なぜなら、他人は変わらないものだからだ。

STEP 2 他人を変えようと思うな

ある時、後輩が僕のオフィスを尋ねてきた。彼の悩みは仕事が好きになれないことだ。

その会社は、ＩＴベンチャー企業でウェブ広告をテレアポで獲得する仕事である。

彼は、僕に仕事の悩みを打ちあける。

「先輩、うちの会社の上司は何も僕のことを理解していないのです。僕にはテレアポは向いてないのですけど、それを言っても上司は理解せず、毎回ガミガミ叱ってくるんです」

確かに、僕のオフィスにもテレアポは毎日のようにかかってくる。

古典的な方法とはいえ、それなりの効果があるのだろう。

僕は、彼以外の営業マンも成績を残せていないのかが気になった。

「いや、成績を残せている人もいますが、全員ではありません」

このような悩みを持つ人は、彼以外にも多いはずだ。

彼は、会社の方針と自分の考えが合わず、自分を見失い、挫折しそうになっていた。

僕は、彼の話をある程度聞いたうえで、
保険業界では伝説の営業マンと呼ばれて独立した友人の社長に相談してみた。

すると彼は、このようなことを言った。
「私の会社でも同様の悩みを持つ人は少なからず出てきます。
新規の獲得を取るためのテレアポは、ほとんどが断られる仕事であり、
簡単な仕事ではありません。しかし、その中で群を抜いて成績を残す人が現れてきます。

それは自分自身の考え方を変えた人間なのです」

彼は、自分の考え方を変える人間こそ、成績を残すことができると説明した。

「考えを変えるとは、何も会社の方針に合わせろというのではありません。失敗する人の多くは、自分の考え方を変えず、上司や会社の方針を変えようとすることにチカラを注ぎます。その結果、学ばなければならないテクニックや、諦めずに努力するということに気づかず、途中で挫折するのです。

しかし、成績を残す人達は違います。彼らは上司の言うことを理解し、自分の考え方で足りない部分を補います。自分に足りないスキルを見直し、成績が上がれば、テレアポの仕事でも楽しく大きな結果を残せることを理解する。さらに、その結果が出れば、嫌いな上司のことも好きになるかも知れない。目の前の壁の大きさを変えようとするのではなく、壁を乗り越えるために自分が変化するのです」

論語には「君子は和して同ぜず、小人は同じて和せず」という言葉がある。

僕は、むやみに相手の意見に同調すればいいと言っているのではない。

大切なのは、相手を理解し相手と協調できるように自分を変化させることだ。

成功する人は相手を変えず、自分を変えることで未来を変化させていくのだ。

24

蝶は花に
ハエは糞に集まる

自分を超える仲間を集めろ

STEP 1

花になるか、糞になるか

僕が子どもの頃に育った地域は、沢山の緑があった。近くの川に釣りに行ったり、昆虫を捕まえたりしながら、今よりも忙しい毎日を過ごしていた。

その中でも、僕の関心を最も集めた生き物がいた。

それは「蝶」だ。

蝶は突然どこからともなく現れ、その綺麗な姿を自慢するように目の前を飛び回り、綺麗な花を見つけると立ち止まり蜜を吸う。

その綺麗な姿は子どもだった僕の心を魅了した。

逆に、僕にはどうしても受け入れることができない生き物がいた。

それは「ハエ」だ。

すこし潔癖症の僕は「ハエ」を見ると、鳥肌が立つ。

なぜなら、ハエは動物の糞や汚物に止まるからだ。

僕はハエが近くに来ると、何か汚い物がカラダのどこかに触れるのではないかと思い、どうしても好きになれなかった。

この世に不必要な生き物はいないかも知れないが、

「美しい物」「美しくない物」は必ずあると思う。

きれいな花には綺麗な蝶が集まるように、素晴らしい人間には、素晴らしい人間が集まる。

では、どうしたらきれいな花のような人間になれるのだろうか。

STEP 2 花として生きるために

◉優れた仲間を恐れるな

「優れた仲間が現れた時、絶対に恐れてはいけない」

こんなことを言うと、それはあり得ないと思うかも知れない。

しかし、実は恐れる人間は多い。

例えるなら、キミが起業して初めて人材を募集したとする。

すると知人からこんなことを言われる。

「とても優秀な人材が仕事を探している。彼は有名大学卒で優秀だから……」

もちろん、人材は喉から手が出るほど欲しい。

しかし、自分はそんな優秀な人間を満足させることができるのかと悩むのだ。

違う。人は仕事や報酬で魅了するのではない。

花である自分自身で相手の心を満たすのだ。

●相手の夢の延長線上に

成功とは、キミの目指す夢の延長線上にあるが、それを他人に押しつけてはいけない。
なぜなら、優秀な人間は必ず、目指すべき未来を持っているからだ。
花のように引きつける人物は、自分の夢を押しつけるのではなく、
相手の夢の延長線上に自分の夢を重ねる。
否定するのではなく、他人の夢を理解し、その先にある未来を共に見ようとするのだ。

●自分が正しいときほど傲慢にならないように

キミはきっと成功するために様々なことを学んでいくだろう。
そしてある種の理念が固まってくる。
きっとキミが考える理念は正しいと思うが、この正しさが失敗を生む。
絶対に正しいことを教えようとしてはならない。
どんな人間も良心という素晴らしいものを持っている。
しかし、これを教える人間は必ず失敗をする。
良心は教えるものではなく、気づき、内側から育てていくものなのだ。

㉕

根性だけでは勝てない

志が本物なら知恵は自然に生まれてくる

STEP 1 全員がお坊さんではない

日本人の価値観の中で人生は修行だという意味を話す人は多い。

確かに僕自身も過去を振り返ってみると、修行のような辛い時期もあったし、それを乗り越えたからこそ、今こうして生きている。

だけど、その価値観を他人に強要するのはどうかと思う。

例えば、会社の社長に、

「人生は修行だ。だから今は苦しくても修行と思って頑張れ」

なんて言われると困るだろう。

確かに社長の価値観で、今の時期は修行と考えるのはいい。

しかし、社員全員が修行僧と定義されては困る。なぜなら全員がお坊さんではないからだ。

STEP 2 理念やスローガン

全員がお坊さんのように修行できないのであれば、直面するピンチや目標にどのように向かえばいいのだろう。そんな時に理念やスローガン（標語）が重要になってくる。

例えば、これから面接する会社の経営理念が、

「人生は修行であり、苦行である。この先に悟りがある」

なんて書かれていたら面接に応募しようとは思わないだろう。

また、社長の願望をスローガンにして、

「社長に新しいベンツに乗ってもらおう！」

だったら、社員のほとんどがやめてしまうかもしれない。


では、どんな理念やスローガンにするのか。

ここで第2章でも触れた**「天地自然の法則」**が大切になってくる。

まず天地自然の法則を社員に当てはめると、

「すべての人は自分が一番大切で、自分を大切にしてくれるところに集まる」と言える。

つまり、社員は自分のために、会社にいるのであって、基本的に誰かのために働いてはいない。だから、会社は社員の幸せを満たさなければ大きくなれないのだ。


ただ、社員の幸せはお金だけではない。

やはり、仲間との関係もそうだし、お客様から必要とされる喜びによって、心の満足を得ることができるのだと思う。

理念やスローガンはそれらを含むすべての社員が本気で、なおかつ、キミ自身がこの理念のためならどんな困難でも苦ではないと思えるようなものでなければならない。

STEP 3
志が本物であれば工夫が生まれる

僕は、30歳の頃、師にこのようなことを言われた。

「いくら方法論、手段を会話したところで意味はない。大切なのは理念という志だ。有効な手段を持ち合わせていても、志がなければ実践はされない。しかし、志が本物であれば、人間は手段を本気で探す。だから手段よりも志が大切なのだ」

僕らが成功を決意すれば、必ず様々な壁が目の前に現れる。

乗り越える方法は沢山あるが、それらの方法を知っていても、自分に乗り越える気持ちがなければ、行動はしない。

しかし、成功するという気持ちが本気であれば、乗り越える方法が解らなくても模索し、必ず、その方法を見つけることができるだろう。

人生は修行だけではない。どんな命もすべて幸せになるために生まれてきているのだ。

26

実践しなければ知識に意味はない

知行合一という生き方

STEP 1

最も重要なことは行動である

僕の手元には、あるセミナー後の統計データがある。そのデータは「どんなに素晴らしいことを学んでも実践する人は三割以下である」とある。

僕らは、子どもの頃から色んな人に「勉強しなさい」と言われる。

しかし、「実践しなさい」とは言われない。

本来、学びとは実践を目的としたものであり、知識を入れるためのものではない。

鹿児島にはとても素晴らしい「いろは歌」がある。
このいろは歌は、
島津家中興の祖である日新公が五年の歳月をかけて作ったと言われている。
当時の薩摩には郷中教育、現代でいう教育プログラムがあり、
いろは歌もそこで歌われていた。僕がまず驚いたのは、
いろは歌の初めの「い」の歌だ。

「いにしへの道を聞きても唱へても我が行ひにせずばかひなし」

過去の賢者や賢人の話をいくら口にしても、実践、実行しなければ意味はない。
なんと深く考え抜かれた言葉だろうか。
これを幼少の頃から聞かされてきた子どもたちは、
様々なところで活躍する人間になろうとしたのではないだろうか。

STEP 2
実践なくして結果は生まれない

現代の教育は、どちらかと言うと**「先知後行《せんちこうこう》」**と呼ばれるスタイルだ。

それは、知識を先に知ってこそ実践できるという考え方で、
まず学び、そして行動するというものだが、
僕はこの考え方に疑問を持っている。

では、成功する人の考え方とはどういうものなのだろうか。

それは**「知行合一《ちこうごういつ》」**というものだと思う。

先の「先知後行」が学びを優先するのに対し、「知行合一」は実践を優先する考え方だ。

つまり、どんないいことを学んでも、実践できなければ知らないことと同じであるというものだ。

STEP 3 鳥肌が立つ瞬間を大切にせよ

キミが何かに志を立てて成功する人を目指す時、必ず様々な学びを求め始めるだろう。
そして素晴らしい学びと出会った時、
心から感動し「鳥肌が立つ」経験をする時が来る。
その瞬間を絶対に大切にしてほしい。
なぜなら、キミの内側にある何かが反応して、鳥肌が起こっているからだ。
師は、僕にこのような事を教えてくれた。

「何か素晴らしいことを聞いて鳥肌が立った時、
それはキミ自身が天と繋がった証なんだよ」

誰かの悪事を聞いて鳥肌が立つ事はあり得ない。
鳥肌が立つ時は、
キミの過去からの遺伝子と内側の魂が反応して起きている現象なのかもしれない。

27

やる気のスイッチを入れる

成功する人は相手をやる気にさせる

STEP 1

スイッチはどこにある

勉強嫌いだった友人が突然勉強を始めたり、仕事嫌いだった同期が、俄然やる気を出して頑張るなんて経験をしたことはないだろうか。

実は、僕らにはやる気のスイッチというものが隠されている。

このスイッチは自分からも他人からも見えない。

しかし、ひとたびこのスイッチを入れることができれば、必ず成功する人になれると僕は思っている。

僕には、娘が四人いる。長女は高校生なのだが、彼女は高校受験に失敗した。
第一志望の学校に合格できず、滑り止めの学校に通う姿は憂鬱そのものだった。
毎日楽しくない学校に通い、友達もつくる気になれない。
そんな毎日を危惧した僕は、娘を師匠に会わせることにした。
師はビジネスのアドバイスもしてくれるが、
人間としてどのように生きるのかを気づかせてくれた存在だった。
師は、僕の娘にこう質問した。

「こんにちはお嬢さん。何か将来の夢はあるのかい？」

娘はキャビンアテンダントだと答えた。

すると師は娘に優しく答えてくれた。


「いい夢ですね。でもこの調子でお父さんと学んでいたら、もしかしたら航空会社の社長というのもあり得るかもしれませんね」


娘は苦笑いをした。すると師はその顔を見てこう答えた。

「ムリだと思ったでしょう。でもね。高校1年生で航空会社の社長になろうと思っている人がキミ以外にいると思いますか？　きっといないでしょう。だから今から頑張ったら誰よりもスタートが早いのですから、きっと叶うでしょうね」


その一言を聴いて長女は変わった。

学年での成績は下から数えた方が早かったのに、今では常にトップを維持するまでになった。そして、今では慶應義塾大学を目指して努力している。

STEP 2

やる気のスイッチが入る瞬間

僕が尊敬する品川女子学院の漆紫穂子先生は、
やる気のスイッチについて、このように語っている。

日々生徒に接していると、子供たちのやる気のスイッチが入る瞬間に立ち会えることがあります。どんな時にスイッチが入るかというのは人それぞれだと思いますが、私が学校でしばしば目にしてきたものを３つ挙げてみます。
１）できないと思ったことができた時
２）これはみんなのためになると思えた時
３）自分のやりたいこと、目標ができた時

出典：日経ビジネスオンライン２００８年11月27日の記事より

僕は、キミのやる気のスイッチを見つけることができない。
しかし、きっとキミの中には、
燃えるような情熱を沸き上がらせるやる気のスイッチが隠されている。
それを見つけて**スイッチをオンにすることができれば、必ず成功する人になれる**はずだ。

己との戦いに勝つ

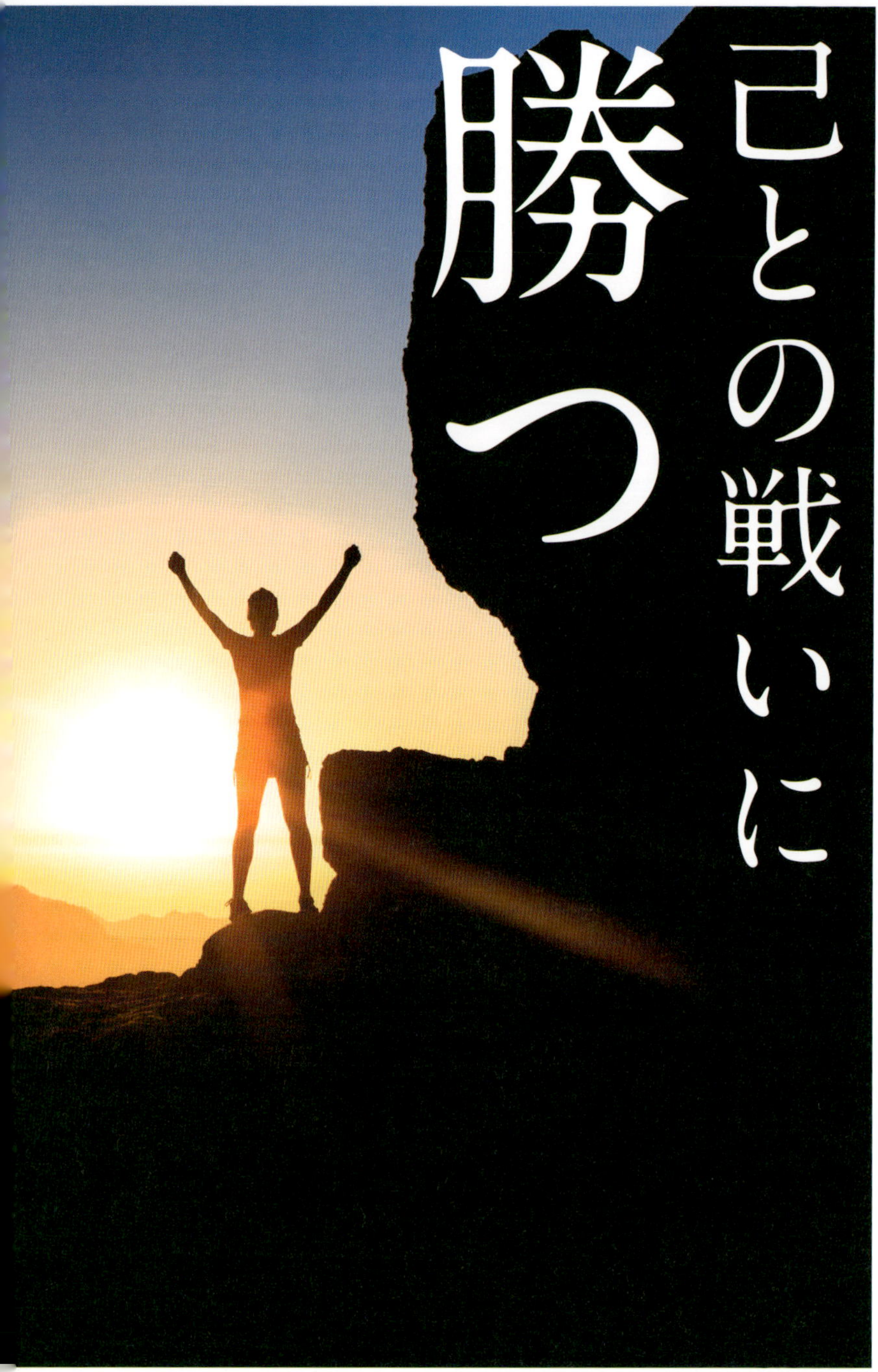

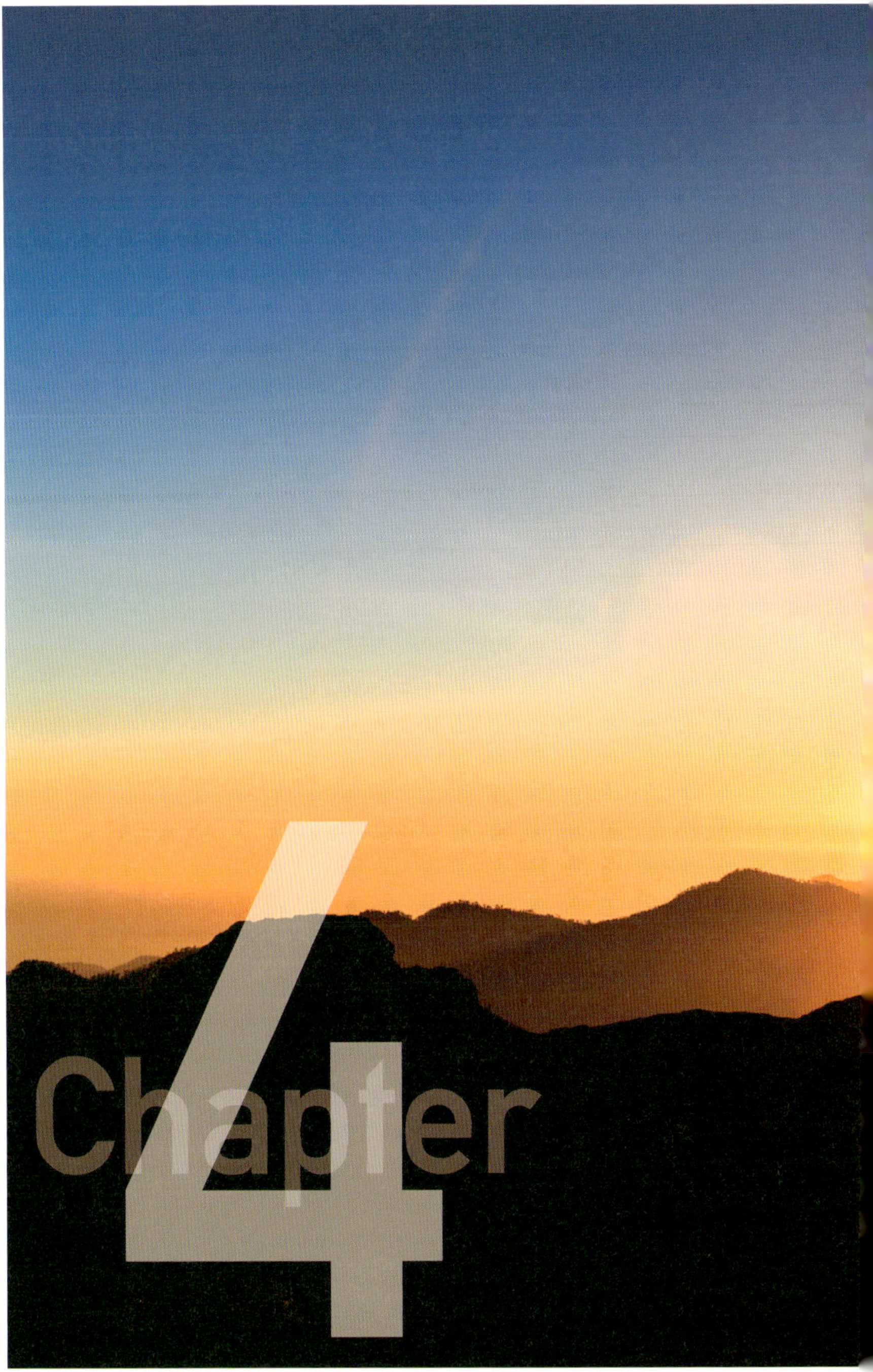
Chapter
4

㉘ 己の成長を止める見えない壁

本来のチカラを思い出せ

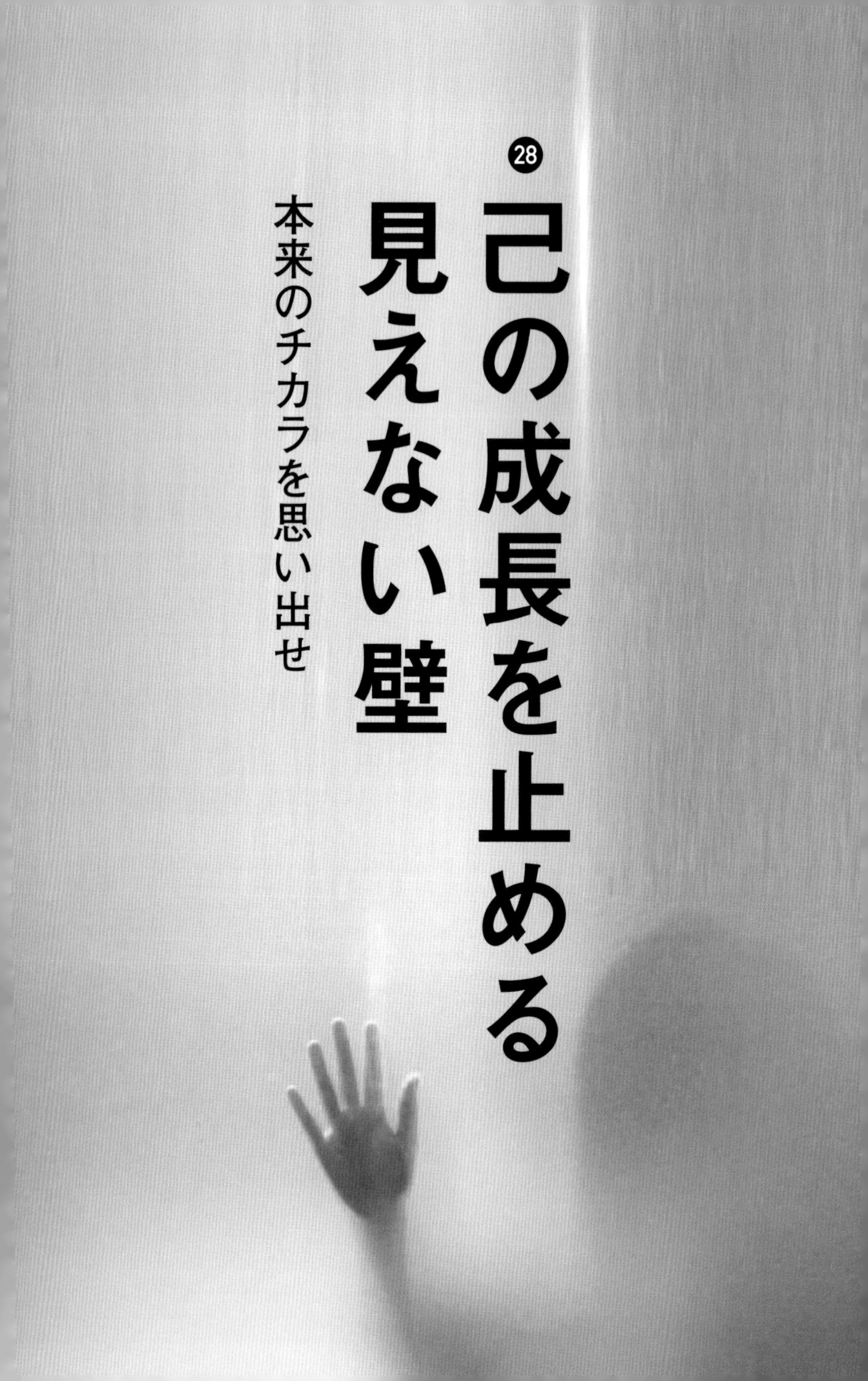

STEP 1
ノミの曲芸

読者の皆さんは、ノミの曲芸という話を知っているだろうか。
ノミは本来、自分の体長の何百倍も跳躍することが可能だという。
ノミはその跳躍力を活かし、様々な動物のカラダへ飛び移り、生きている。
これは、僕ら人間にも同様のことが言える。
人間にもノミと同じく跳躍力というのがある。
過去の失敗や、生まれた境遇を越えて、自分の本来のチカラで跳躍する。
そんなノミの跳躍力のような成功する人を、僕は沢山見てきた。

この素晴らしい跳躍力を持つノミだが、僕はその跳躍力を奪う方法を知っている。
その方法はノミに「透明なコップ」を被せるという簡単な方法だ。
透明のコップを被せられたノミは、跳躍のたびに透明なコップの天井に頭をぶつける。
「痛っ！」
何度も頭をぶつけたノミは、知らず知らずの内に跳躍を制限する。
そして、コップの内側だけでジャンプするようになり始める。

しばらく時間をおいた後、透明なコップを取ると、蚤はどうなるのだろうか？

蚤はコップが無いのにもかかわらず、本来の跳躍をすることができなくなるのだ。

見えないコップに跳躍を制限された蚤は、自分の本来の能力すら忘れてしまう。

この話は蚤だけの話ではなく、現代社会の構造とよく似ている。

STEP 2

能力を忘れた者たち

僕は、どんな人にも無限の可能性が秘められていることを確信している。

しかし、子どもの頃にあった無限の可能性は「無意味な学歴ピラミッド」で挫折したり、マスコミの誤った価値観によって透明なコップを僕らに被せる。


東大を頂点とした学歴社会でつくられた我々の国では、テストの点数で優劣を競う。

この仕組みでは、誰かに優しいことや、思いやりがあり、誠実であることは点数に評価されない。


また、東大などに行く人達は一部の人間であり、仮に自慢できないような大学や高校だと、どこか「心の中に劣等感」が生まれ、負けたというコンプレックスが生まれる。

しかし、キミたちも知っての通り、ひとたび社会に出ると、学歴はそこまで重要ではない。学歴がいいからといって、その人が必ずしも仕事でも活躍できる訳ではない。

逆に、困っている人を助けたりするという優しさは、とても素晴らしい事だし、思いやりがあることは社会で評価される事が多い。

①学歴がなくてもキミの跳躍を制限する要因にはならない。
②どんな生い立ちや家庭環境に育ってもキミの跳躍を制限する要因にはならない。
③年齢が何歳であっても、キミの跳躍を制限する要因にはならない。

原因があって結果が生まれる。それを因果と言う。

しかし、キミが見えないコップを越えることができれば、因果を越える成果が生まれると僕は思っている。

そして、いつの日か、この日本というコップを取り除き、世界で活躍できる成功する人として羽ばたいてほしい。

見えないコップは、キミ次第で取り除けるのだ。

㉙

情動に左右されるな

怒りは未来を奪う

STEP 1

情動を押さえろ

人間とは不思議なもので、誰かに気分を害された時や、裏切られた時に、「思い知らせてやりたい」などと仕返しの心を持つ。

これら一時的に生まれてくる感情を情動と言う。

情動は怒りや恐れ、喜びと悲しみなど、人間が生きていくうえで重要な感情だが、**多くの成功する人は、この情動をうまくコントロールして生きている。**

なぜなら、一時的な感情は成功を大きく妨げるからだ。


情動で怒りを表す人は「一時的なスッキリ」を求めている。

学校の先生や上司が、突然烈火のごとく叱るのも同様で、子どもが欲しい物を手に入れようと駄々をこねるのとよく似ている。

そして情動が達成された後に必ず、後悔が生まれてくる。

あぁ、恥ずかしい。

あんなに叱る必要はなかった、と相手の表情を見て後悔する。

しかし、この時点では時すでに遅し。

あなたと怒りの矛先である相手との間に真の絆が結ばれることはない。
僕の先輩に、とても怖そうな上場起業の経営者がいる。
見た目はとても怖そうだが、一度も叱っているのを見たことがない。

そもそも経営者や上司は、なぜ部下や社員を大声で叱ったりするのだろうか？
おそらく、それは相手を威圧するためだったり、
懲らしめてやろうということが目的となっているのではないだろうか。
しかし、その方法では、ミスの再発を防ぐとか、正しい手順を身につけさせるなど、
本当に伝えなければいけない事が、相手にはきちんと伝わらないと思う。

STEP 2

情動と愛を分ける

僕は子どもの頃、沢山いたずらをして誰よりも叱られてきたと思っている。
そして、怒る大人の人間性をしっかり感じていた。
例えば、父が僕を愛するあまりに大きな声で叱るとき、僕はなぜか涙が出た。
その涙には、反省や後悔が含まれ、叱る父を憎いなどとは思わなかった。
しかし、父も機嫌が悪い時があり、突然、何でもないことで叱られた時には、

とても反抗した。

それは、父の情動からの怒りであり、叱られている時に涙すら出なかったと思う。

つまり、**どんな局面でも情動ではなく、愛を持って接する必要がある**と僕は学んだのだ。

STEP 3 感情を出す時

人間は情動で怒りを出す反面、誰かが苦しんでいる時や、困っている人を見たら「助けてあげたい」という情動も生まれる。

僕は先述の上場企業の先輩に再び聞いてみた。

「馬鹿だな。仕事や普段の感情は押さえろと言ったけど、燃え上がる感情もなかったら絶対に成功しないよ」

「どういうことですか?」

「だから成功する人が感情を出していいときはロマンを語る時だけなんだ。好きな女性にアプローチするときもロマンがなければ振り向いてくれないし、途方もない目標にチャレンジするときもロマンがなければ仲間は誰も動かない。成功する人は、ロマンに感情を乗せるんだよ」

30

相手の時を盗むな

他人を私物化しない

STEP 1 待ち合わせは心が見える

僕は誰かと待ち合わせする時、必ず30分前に到着するようにしている。なぜなら、待ち合わせは僕の心構えを相手に伝える手段だからだ。

待ち合わせに早く行くことには、沢山の利点がある。

例えば、初めて行く場所なら、実際の場所をイメージしながら、話す内容をイメージトレーニングできるからだ。

会話が得意だという人も多いだろうが、何気ない会話を目的に僕は人とは会わない。

やはり、互いの時間を使う以上、真剣に準備し、最大の成果を得たいと思うからだ。

STEP 2 遅れた時間×人数

僕はあるミーティングに呼ばれ、定刻通り机に座っていた。

しかし、5分経過しても一向に始まる気配がない。僕は痺れを切らし、モデレーターである人間に質問した。

「5分経過していますが、まだ始まらないのですか？」
聞いてみるとメンバーのひとりが遅刻しているようだった。
遅刻する人は必ず、自分目線で時間を考える。
例えば、今回のように5分の遅刻は、5分の損害だという感覚で考える。
しかし、実際は違う。
参加者が今回の会議のように8名いると、8人分の時間を損失したことになり、
「5分×8人＝40分」のロスとなるのだ。

また、これからキミが優れたメンバーと関係を深めていくと、所得の高いメンバー同士が多く集まってくる。彼らの時給はとても高く、**相手の時間を無駄にすることは大きな損害になる**ことを忘れてはならない。

STEP 3

1分の遅刻でも連絡せよ

遅刻を絶対にしないことは、成功する人にとって大切な事だ。しかし、
中にはどうしようもないトラブルに遭遇して、仕方なしに遅れることはあるだろう。
そんな時は、一分の遅刻でも必ず相手に連絡した方がいい。

僕はある時、友人でイスラエル出身のビジネスマンと食事の約束をした。
待ち合わせ10分前に約束した表参道のレストランの前で待っていると、
彼から電話がかかってきた。
「ごめん。2分遅れそうだ」
普通、2分くらいは問題ないと思うかもしれない。しかし2分あれば、
会社に連絡することも出来るし、メールチェックする時間も生まれる。
彼は、連絡することで時間を僕に返そうとしたのだ。
このように、**成功する人は必ず、相手の時間を私物化することはしない。**

時間厳守の概念は、我が国にも昔からあった。
例えば、江戸時代には「時泥棒は十両の罪」という言葉があった。
十両は現在の価値でおよそ100万円。
また、当時の基準では十両盗めば死罪となっていた。
もちろん遅刻をすれば死罪という訳ではないが、
相手の時間を大切にしようという心が含まれていると思う。
キミは今後、成功する人として活躍していくだろう。
ならば時間を守るように心がけよう。

31

不誠実な人間は自分にさえ嘘をつく

負ける習慣は考え方から始まる

STEP 1

良心の意見を押し殺すな

僕は、後輩や学生に「成功するために必要なことはなんですか」などの質問をされる。その時に必ず答える言葉がある。それは、

「成功するためには誠実であること」

僕がいう誠実とは、良心を判断基準に、私利私欲に流されず、約束を守り、真心をもって他人と接するということだ。

成功する人は、ある種の明確な善悪の基準を持っている。

そして、この基準を大切に、忠実に守ろうとする。

例えば、キミがある欠陥商品を手に入れてしまった。この商品の欠陥は、まだ誰にもバレてはいない。もし、今の段階ですべてを売却することができれば、少なくとも自分の損害はなくなる。こんな状況に立たされた時、キミはどんな判断をくだすだろうか。

人間には、必ず良心がある。

それはこの判断をくだす時にも働いていて、心の中で言ってくる。
「この商品に欠陥があるのなら、他人に売ってはいけない」
しかし、現実を考えると、この商品のお陰で何千万円も損失する可能性がある。
不誠実な人間は、自分の良心からの意見を無視して、
黙って販売する選択肢を選んでしまう。
食肉や生産地の偽装問題などを起こす人達も、
成功する人と同様に良心は持っているが、自分に対して、嘘をついてしまう。
良心というのは、人間が持っている宝だ。
何か判断をしようとした時、その考えでいいの？
この先にキミの成功はあるの？　とキミに問いかけてくる。
この心に誠実な人間は判断を間違わないし、
そんな人間の周りには多くの協力者が集まるのだ。

STEP 2

孟子の性善説と陽明学

僕が事業で仲間を集めるとしたら、能力よりも信頼できる人を集めようとする。
なぜなら、いくら優秀であっても、不誠実で裏切られる人間であれば、

前を向いて努力できないからだ。
また、この考え方は社員側にとっても同様である。
キミを信じて共に歩んだとしても、キミが裏切るような人間であれば、
社員も努力はできないものだ。
だから僕は自分の人間観を高めるために、
親しくなった友人に限って孟子や陽明学の話をする。
なぜなら、成功する人にとって、とても大事なエッセンスが含まれているからだ。
これらの学びは、キミの魂を奮い立たせる爆発力を兼ね備えている。

例えば、孟子の性善説の骨子となるのが「惻隠《そくいん》の情」だ。
すべての人間は誰かを思いやり、可哀想だと思う心を持っていると孟子は言う。
例えば、井戸の縁でよちよち歩きの幼い子どもが今にも落ちそうになっている時、
どんな人間でも急いで駆け寄り、子どもを助けようとするものだと言っている。
それはどんな悪人でも同じ気持ちがあり、それが人間の共通する心だという。
孟子の性善説の系譜から繋がる陽明学もオススメする。
吉田松陰や坂本龍馬、西郷南洲などが感銘を受けて学んだ実践哲学であり、
先述した知行合一も陽明学から生まれた言葉なのだ。

32

開き直ると勝負に負ける

勝負は最後までわからない

STEP 1

どうとでもなれ

人間は負けが連続すると卑屈な気持ちになる。

そしてどうとでもなれ、という半ば投げやりな気持ちで現状を乗りきろうとする。

見た目は覚悟を決めて前に進むように見えるが、こんな状態では逆転は難しい。

では、どうすれば、生き残ることができるのか。

結局、**最後の最後まで諦めずに考え抜いた者だけが生き残っていける**のだ。


10年ほど前、僕は人生最大のピンチに陥った。

事業を始めたのはいいが、うまく軌道に乗らない。

このままでは倒産する。

この恐怖は、言葉では説明できないほど恐ろしかった。

こんな状態になると、未来を不安に思った社員は退職を希望し、ピンチはさらに加速した。

当初あった800万円の預金は底をつき、残り3カ月で倒産だという時にも、
僕は最後の最後まで足掻《あが》いた。

倒産して家族や仲間を路頭に迷わせる事になるのが嫌だったからだ。

そんな時、ある会社の営業マンが来た。営業マンは僕らの会社にあるサービスを売る目的で来たのだが、会話の中で面白いことを教えてくれた。

「御社とは事業は少し違いますが、東京ではこんな新しいサービスが始まったようです」

他愛もない会話だったが、僕は、その言葉になぜか惹かれた。

「残された3カ月、僕らは東京の会社と同じことをやってみよう」

これが僕らの命をつないだ。


ベンチマークと言えるほど調査することはできなかったが、新しいサービスは僕らに希望を与えた。

小さな成功ではあったが、これによって僕らは生き残ることができた。

STEP 2

負けは冷静さを失わせる

どんなにピンチであっても強い人間と、
ピンチになればなるほど弱くなる人間がいる。
それは、ギャンブルでもビジネスでも、負けが続くと不安になるからだ。
不安は冷静な判断を鈍らせ、焦りを生み出す。

でも、**どれだけ負けていても勝ち残る方法は必ずある。**

野球の場合でもそうだ。9回裏で10点差だったとしても、可能性はゼロではない。

どれだけ体格が違っても100％負ける格闘技などない。


しかし、人間は負けを目の前に突きつけられると恐怖を感じて冷静な判断ができなくなる。

負けない方法を最後まで考えるのではなく、負ける前から負けた時の処理を考える。

そして開き直る。

「どうとでもなれ」という勢いにまかせて準備が整ってない状態で勝負したり、根拠のない一発逆転を狙ったりする。

これでは自滅しているのと同じだ。


しかし、成功する人は違う。

いくら目の前に負けを見せつけられても恐れはしない。

なぜなら、負けたらどうするかは、負けた時に初めて考えれば良いからだ。

幸運というものは諦めない人間に引き寄せられ、開き直る人間には悪運がつきまとう。

どんなにピンチでも、最後まで粘るのが成功する人なのだ。

㉝ 成功する人は常に問題を抱える

覚悟は見え方まで変える

STEP 1

問題は必ずある

僕の本業は経営者なので、セミナーなどの仕事は基本的にしていない。
しかし、年に数回程度、頼まれて大学生などの前で話をすることがある。
先日も東大法科大学院で講演をしたのだが、
終了後にある学生が僕に質問をしてきた。
「私、質問があるのですが、経営者とサラリーマンの差ってなんですか？」
僕は少し考えてから、こう答えた。

「経営者は常に問題はあると思っている人で、
サラリーマンはいつか問題はなくなると思っている人かな」
「経営者とサラリーマンでは、問題の捉え方が違うのですか？」
「そうです。僕が起業して今まで会社に問題がなかったことなど一度もありません。だからいつも考えます。この問題の根源はどこにあるのだろう、と。そう考えながらも目の前の問題を解決して歩んでいくのが経営者です。つまり問題がないなんて、この先ないと思っているから、多少の問題に直面しても強いのですね」

もちろん、すべてのサラリーマンに当てはまる事ではないが、
一般的に問題はなくなるものだと思っている人が多い。
そして、問題がなくなることが目標になると部分最適化を図ろうとする。
つまり、経営者は常に表面化した問題を解決しながらも、
その根源である全体を見るようにするが、
サラリーマンになると、目の前の問題を解決することがゴールとなり、
結果的に、問題は再び起こり得るのだ。
だから、成功する人を目指すなら、
どんな立場であっても全体最適で物を見るようにしなければならない。

STEP 2 問題があることは挑戦している証拠

人間は何かに挑戦している時にこそ、問題が発生する。

休日に家でゴロゴロしているのであれば、余程でない限り問題が起こることはない。

しかし、休日に登山に挑戦しているのであれば、様々な問題を抱えることになるだろう。

装備が足りない、時間が足りない、それらすべての問題は挑戦が生み出しているのであり、
挑戦しなければ、そもそも問題など起こらないのだ。

STEP 3

問題を好む人間になれ

戦国時代に山中鹿之助という武将がいた。

彼は尼子家の家臣であったが、毛利家の侵略により、苦渋を味わうこととなる。

家臣ということは現代でいうサラリーマンの立場だ。

しかし、彼は自ら困難を望んだ。

そしてこの有名な言葉を残した。


「願わくば、我に七難八苦を与えたまえ」


成功には必ず問題がついてくる。

例えば、キミがサラリーマンで大きな取引先と契約のチャンスが巡ってきた時、そのプレゼンテーションや準備は、とても大変なことだろう。

しかし、その苦労なくして成功はない。

問題があっても慌てる必要はない。

問題は、キミを未来へと運ぶための通らなければならない階段なのだ。

34

成功する人は準備し、失敗する人は不安を感じる

時間は常に動いている

STEP 1
起きていない現実

僕らは、誰でも驚くほどの想像力を持ち合わせている。

テレビや電話に至るまで、初めは人間の想像から生まれているし、人間はそれを現実にするチカラを持ち合わせている。

しかし、想像力は時々、僕らを悪い現実に導くことがある。

僕の社員に結婚を控えた男性がいる。彼は仕事においては、とても優秀なのだが、恋愛にはまったく自信がない。

ある時、僕はその男性社員に野球のチケットをプレゼントした。

少し暗くなった夕方、その社員を呼び出して彼女とふたりで行けるのならチケットを譲るよ、と声をかけた。

彼は、とても喜んで彼女に連絡したが、彼女は電話には出なかった。

「なんで電話に出ないのだろう?」

普段なら返事がないことなど気にはならないのだが、彼にはひとつ心配事があった。

それは、前回のデートを彼女がキャンセルしたことだった。

「もしかして、バイト先で何かあるんじゃないだろうか」

そして彼の想像力がそこからどんどん膨らんでいく。

前回のデートを断ったのも、もしかしたら別の男とデートしていたからじゃないだろうか。

彼は怒りに身を任せて、メールと電話を何度もしたが、
その日のうちに彼女から連絡は来なかった。

次の日、彼女から連絡があった。

彼は開口一番、大声で彼女を罵倒した。

その声を聞いた彼女は、彼に別れを告げ恋は終わった。

彼女は浮気などしていなかった。

彼女は昨夜バイトから帰り、39度の高熱を出して寝込んでいたのだった。

この事例は、他人事ではない。

起こっていない現実を不安視し、苦しむ人間は彼以外にも多くいる。

彼に必要なのは、不安を感じることよりも、彼女を信じることだったのだ。

STEP 2

土俵の真ん中で

目標を持って生きるということは不安もつきまとうが、
起こっていない現実をキミの中に生み出す恐れも含んでいる。

これは仕事も学校生活も同様だ。

今日のプレゼンで失敗したら、社長が幻滅し、昇進に響かないだろうか。

今日学校に行くと、嫌いなあの子が私の悪口を言っていないだろうか。

このような不安は、想像よりも悪い結末を生み出す場合がある。

もちろん成功する人も不安に思うことはあるし、ネガティブなイメージを持つ場合もある。

しかし、彼らはその不安に負けるのではなく、不安をなくそうと準備をするのだ。

最悪の事態に陥らないためには、今、何をすればいいのか。

その準備が不安をかき消し、素晴らしい未来を生み出すのだ。


京セラの稲盛和夫名誉会長は、このようなことを言っている。

「土俵の真ん中で相撲をとれ」

不安に襲われ、土俵際にまで追い込まれた時に必殺技を出しても、
足が土俵から出たと物言いがつく場合がある。

成功する人は、土俵際ではなく真ん中にいる時にちゃんと準備をするのだ。

35

不幸な出来事から生まれる成功

逆境は上昇するためのエンジン

STEP 1

事実の受け止め方

誰にとっても不幸な出来事はない方がよい。
しかし、長い人生においては、
時として地獄へたたき落とされるような経験をすることもある。
どうしようもないほど苦しい出来事が起こった時、神は僕らに問いかけてくる。

「お前は、この出来事をどのように受け止めて生きていくのか？」

今から12年ほど前、僕にも誰にも言えないような苦しい時期があった。

起業というのはとてもリスクがある。僕は当時、妻と二人の娘を持つサラリーマンで、
会社を興すなどは、夢にも思わない状況だった。

しかし、神様はそんな僕にひとつの選択肢を与えた。

当時、通っていた英会話スクールの女性事務員が突然、こんなことを言ってきたのだ。

「実は、来月で英会話スクールを閉めることになります。今までありがとうございました」

そのスクールへは1年ほど通ってはいたが、そろそろやめても良いかなと考えていたので、

別にそう聞いても特に困ることはなかった。

しかし、徳島から出てきたその事務員は、続けて僕にこう問いかけた。

「実は、オーナーが支払いを放棄して逃げてしまい、
私たちの給料も未払いの状態なのです。

もし良かったら、一緒に英会話スクールをやってもらえませんか？」青天の霹靂だった。

サラリーマンで二人の子を持つ僕が、そんなことできるわけがない。

でも、彼女は本当にお金がないようで、その姿がとても可哀想に思えたのだ。

そして、その夜、妻と相談した結果、生徒18名、
月商18万円の借金だらけの英会話スクールを買い取ることに決めたのだ。

だが、この英会話事業は、想像以上に困難を極めた。

なぜなら、売り上げが18万円しかないのに、支払いは講師2名と受付の女性、
家賃に光熱費と月に80万円を超えるのだ。

僕は、サラリーマンと英会話スクールの二足の草鞋で働いた。

英会話スクールを引き受けて半年ほど経った時だった。

その受付の女性からこう言われたのだ。

「大変言いにくいのですが、子どもの頃から東京で働くことが夢でした。

辞めさせてください」

僕は呆然とした。
既に借金を含め英会話スクールに投資したお金は８００万円にもなっていた。
逃げ道などもう残されていない。
そして、彼女のいない穴埋めを５歳下の弟にお願いすることにした。
弟は彼女の穴を埋めるべく、英語も話せないのに一生懸命がんばってくれた。
業績も利益が出るほどではないが、赤字ではなくなった。
しかし、彼は25歳の若さで亡くなった。脳の病気だった。

STEP 2 ありのままに受け止め覚悟する

僕は自分の人生がわからなくなった。
神様は僕を苦しめようとしているのか。
同じ家で育ち、同じ教育を受けて育った弟が死に、僕が生き残る理由は何なのか？
そして、僕はサラリーマンを辞めて、給料の出ない英会話スクールの社長となった。
もう保険と言うべき貯金もないし、自分の給料が出る見込みもまだなかった。
でも、弟が最後まで働いた会社を守りたかったし、弟の分まで生きようと思ったのだ。
今では、神様が起業家への道を作ってくれたと思っている。

36

キミは神に祈ったか？

人事を尽くして天命を待つ

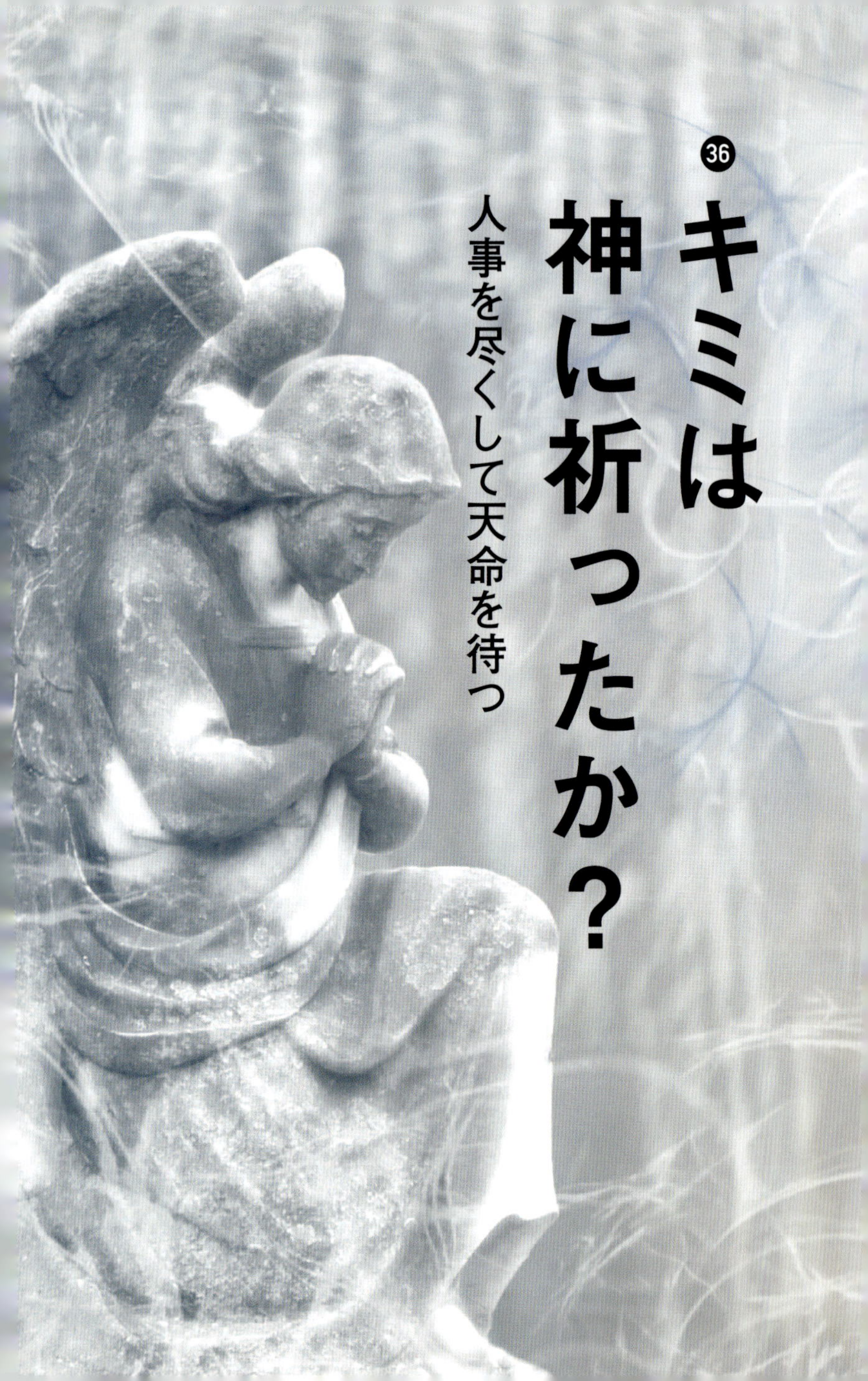

STEP 1 恋人を追いかけるように

今日は気分が乗らないなんて日は誰にでもある。
前日に嫌なことがあったり、悩みがあったりすると、
やる気が出ないことは十分にあり得るだろう。
それがプライベートの遊びや飲み会だったら、別に休んだらいいと思う。
でも、仕事や自分が志した目標だったらどうだろう。
僕はハッキリこのように伝える。

「キミ、何を言ってるの？」

僕はキミに根性を出せと言いたいのではない。
ただ伝えたいのは、目標や仕事は、異性に恋をするのに似ているということだ。
一般的に好きな異性を選ぶ時は自分で選ぶが、それは目標も同じだ。
自分の目指すべき目標は、誰かに選ばれるのではなく自分で選んでいるのだ。

また、恋する異性に会いたいという気持ちは、目標を達成したいという願いでもある。
キミが本当に好きな異性なら、何時間一緒にいても幸せな気持ちになるだろう。
それと同じように、目標に向かっている時に、
何時間努力したって苦にはならないものだ。
成功には、必ず恋をする時と同じほどの熱い情熱がいる。
成功する人は、自分の未来に恋をしているのだ。

STEP 2 労働は最大の資源だ

僕の尊敬する先輩は事業を隆盛させていくうえで、このようなことを教えてくれた。

「中小企業において労働は最大の経営資源である」

つまり、事業を大きくしていくうえで、経営者の最大の資源は労働力と時間だというのだ。
自分が目指した目標があるのであれば、
労働時間がどうだとか言っているようでは、成功を得ることはできない。
昼夜問わずに考え抜き、何もかも放り出して、目指した目標に向かって働く。

ここに最大の成功する要因が隠されている。

STEP 3 神に祈ったか？

京セラの稲盛和夫名誉会長の言葉で、僕が一番好きな言葉がこれだ。

1966年当時、まだ小さかった京セラはIBMから仕事を大量に受注するが、IBMの品質検査は厳しく、試作品を納める度に「不良品」とされてしまう。やっとの思いで作った20万個の製品もすべて返品され、当時の技術者たちは、自分たちの水準以上を求められる受注に絶望感を抱いた。

ある晩、稲盛氏はセラミックの焼成炉の前で呆然と立ち尽くす社員を見つける。彼は泣いていた。しばらくして稲盛氏に気づいた彼はこう言った。

「万策尽きました」

その言葉を聞いた稲盛氏は思わず**「おい、神に祈ったか？」**と聞いた。

稲盛氏が言いたかったのは、**神に祈るほど最後まで努力したか**ということだ。

「人事を尽くして、天命を待つ」

神に祈る資格は、能力を超える努力をした者だけなのだ。

成功する人の生き方

Chapter
5

37

相手の大切なものを守れ

成功する人は感情をシンクロさせる

STEP 1
相手の気持ち

僕らには、誰にも譲ることができない大切なものが必ずある。

恋人、家族、または別の何か。

ほかの誰かには価値のないものかもしれないけど、僕にとってはとても大切なもの。

いくらキミが成功する人になったとしても、他人の価値観までは変えることができない。

だから真の成功する人は必ず、**「相手の大切にしているものを大切にする」**のである。


第64代、第65代内閣総理大臣であった田中角栄氏は、このような言葉を残している。

「この世は嫉妬の大海だから、味方を増やすよりも敵を減らせ」

田中角栄氏には賛否両論あると思うが、僕らが学ぶべきは彼の配慮する心だ。
多くの人は自分の大切なものを見てしまうあまり、
他人の大切にしているものが見えない。
例えば、友人や社員の奥さんの誕生日であったり、信頼する人のお葬式は、相手が最も大切にしていることのひとつだ。

成功する人とは、自分を愛するように他人を愛することができる人間を言うのだ。

STEP 2 大切にされる幸せ

インドのコルカタ（旧カルカッタ）には、マザー・テレサが開設した「死を待つ人々の家」がある。

そこは貧困や病気によって死を間近に控えた人を看病し、最後を看取るための施設だ。

コルカタでは、貧しい人たちが今でも多く住んでいる。

そこで暮らす人たちの多くは、最後の瞬間まで孤独な人も多く、身寄りのない遺体は物のように扱われガンジス川で処分されていた。

それを見かねたマザー・テレサは、貧しい人たちが人間として尊く死んでいけるように、古い寺院を改装して死を待つ人々の家にしたのだ。

「あなたのお名前はなんですか？」

世界に見捨てられたと思っていた人たちは、

その時、自分に名前があったことに気づく。

「どうしてあなたは私のような者に、このように親切にしてくれるのですか？」

「それは、あなたを愛しているからですよ」

この施設に連れてこられた人たちは、とても幸せな気持ちで死んでいく。


「愛の反対語は憎しみではなく、無関心」

これはマザー・テレサの有名な言葉だ。


キミが成功する人になるならば、なるべく多くの人に関心を持つべきだ。

僕ら人間は、関心の大きさによって器や行動が変わる。


自分のことだけに関心を持っていた人間が、子どもに関心を持つとお父さんと呼ばれるし、会社の全員のことに関心が生まれれば社長と呼ばれる。

つまり、**関心とは人間の器の大きさをいう**のだ。

どんな人間でも、誰かに認めてもらいたいという欲求を持っている。

世界の片隅にいる人たちに関心を寄せることができれば、君の人生は大きく変わるだろう。

㊳

礼節を武器とせよ

無礼な者に栄光はない

STEP 1

キミを引き上げてくれる原動力

成功する人には、必ず師匠や尊敬できる先輩がいる。

その人たちは、キミが困難に立ち向かっている時にアドバイスをくれたり、道を模索している時には、新しいステージへと引き上げてくれる。


成功には近道はない。

しかし、有力なメンターや後ろ盾のある人間は、まるで自動車に乗るように道を駆け上がる。


先輩や師から可愛がられるには、様々な理由がある。


例えば、学びの姿勢や実践をしているかどうかは、重要なところだ。

また、目指す志の大きさも、未来を託す人物としては重要だろう。

ただ、これらの要因は、その人物のユニークさに依存するもので、誰もが共通して持っている可愛がられる理由ではない。

では、先輩や師から可愛がられる人とは、どのような人物なのだろうか？

それはズバリ、**礼儀正しい人**だ。
礼儀というと、何か知識やマナーと考える人もいるかもしれない。
しかし、それは違う。僕がいう礼儀とは習慣だ。
キミがどのように考え、どのように生きてきたのか。
その習慣を表すのが、ここで言う礼儀なのだ。

STEP 2
礼儀の本質は心

最近、つくづく思うことがある。それは、空気を読めないと言われている人間に限って、無作法な人が多いということだ。

そもそも礼儀とは、挨拶や何かの所作だけを言うのではない。
本来の礼儀とは、キミの存在すべてを言うのだと僕は考えている。

話の聞き方や相づちの打ち方も、すべてキミの心が礼儀として表現される瞬間だし、発言もタイミングさえもすべて礼儀だ。
誤解を恐れずに言うと、空気が読めない人は、礼儀の本質がわかっていない人だ。

わざとらしいご挨拶や感動に礼儀などは含まれないし、意図的な感謝や御礼も礼儀と呼べるものではない。

「礼儀の本質は心だ」

この心が良くないと、心臓の鼓動さえ無作法な音を立てる。

もちろん、長く生きていると、世間で大物と呼ばれる人とも出会うだろう。

そんな時、緊張する必要はない。

もし、過度な緊張が生まれる原因があるのなら、それは、キミの心がそうさせるのだ。

キミの心の内にある必要以上に自分をよく見せたいという気持ちが、心拍数や汗にまで表れる。

必要以上にべらべらと話すのも、声のボリュームが上がるのも、思いついたことを考えもなしに話すのも、すべては、自分の心が無作法を生み出しているのだ。

「成功する人は礼節を武器にする」

別にお世辞など要らない。日頃の生き様と、相手に応えようという純粋な気持ちが、キミの礼儀に磨きをかけ、多くの大物の心を自然に捕らえるのである。

39

お釣りは必ずもらえ

お金に好かれる生き方

STEP 1

お金の使い方

あの人は、何でもお金で解決しようとする。

そんな悪口を聞いたのは一度や二度ではない。

しかし、成功する人は、お金で解決できる問題ならお金で解決した方が良いと考えている。

ある資産家の男性は、僕にこんなことを言った。


「一番怖いのは、お金を何としても払わないでおこうとする人たちだ。

彼らは解決することよりも、損をしない方法ばかり模索している」


日本人はとくにお金の話になると、何か汚いことだという印象を持ってしまう。

しかし、それは大きな間違いだ。

なぜなら、お金自体には、キレイも汚いもないからだ。

一般的に「お金を嫌う人間にお金は集まらない」と言われる。

このお金の本質を、僕らは理解しなければならない。

成功する人は、何でもお金で解決すると思われるかもしれないが、実は、お金にシビアな人が多いと僕は感じている。

10年ほど前、私はある大富豪を含む10人の人たちとお酒を飲む機会があった。

当時、一番の若手であった僕はその大富豪に呼ばれ、こう言われた。

「みんな盛り上がっているからもう一件飲みに行こうと思うが、今から連絡するところに値段交渉してもらいたい」

その店は、ひとり2万5000円かかるラウンジだった。

大富豪は笑顔で僕に値段交渉をさせた。その結果、ひとり2万円にまで下がった。

僕は、「ケチだな……お金持っているのに」と、どこか、お店に申し訳ない気持ちだった。

そして入店後、しばらくしてお店の経営者が大富豪に挨拶に来た。

その大富豪は、とても喜んで5万円のチップを経営者に渡した。

するとどうだろう。お店の雰囲気がさらに明るく盛り上がったのだ。

経営者はボーイに何か合図をして、テーブルには豪華なフルーツが並んだ。

僕が値段交渉していた時とは比べものにならない店の経営者の笑顔を見て、僕はお金の使い方を学んだ。

初めから25万円払うのではなく、5万円値引きして、後でチップで渡す。

お金って面白いなと感じた瞬間だった。

STEP 2
釣りは要らないよ、なんて言わない

成功する人は、お金の使い方が違う。

第一の違いは、使うという言葉の違いだ。

一般的にお金を使うというと、何かを購入するというイメージを持つ。

しかし、成功する人の「使う」には「用いる」という意味が含まれている。

この考え方は、少額であっても同じだ。

ある大企業の社長とタクシーに乗る機会があった。

とても近い距離だったが、ドライバーは笑顔で私たちを乗せてくれた。

お会計を済ませる時、その社長はお釣りをすべて受け取り、
その中から120円をドライバーに手渡した。

「ありがとう。これでお茶でも飲んでください」

車から降りた後、社長は僕にこう教えてくれた。

「お釣りをすべて渡すようなチップの渡し方は良くないよ。そんなことをすればお金から嫌われてしまうからね。本当にありがたいと思ったなら、お釣り以上にチップを渡してもいいんだ。お金には用いる方法が必ずあり、それを考えないとお金に嫌われてしまうよ」

40

恩は送れ

自分の命は将来世代へ繋がる

STEP 1

恩返しと孝行

恩返しという言葉は何度も聞くが、恩送りという言葉になじみのない人も多いはずだ。

恩返しとは一般的に、誰かに受けたご恩を、その人にお返しするというものだ。

お世話になったご恩に報いることになるので、報恩と呼ぶ場合もある。

誰でもひとりで生きている人などいない。
僕らは様々な人にお世話になりながら生きている。
その代表と呼べるのが両親ではないだろうか。
父に50％、母に50％で構成されたキミは、
少なくとも両親なくしてこの世には存在していなかった。
だから**成功する人は、誰よりも親を大切にし、親孝行を実践する。**

僕の尊敬する聖人のひとりに中江藤樹がいる。

彼は、内村鑑三著の『代表的日本人』（岩波文庫）という本に描かれた。

5人の日本人のひとりだ。「近江の聖人」とも呼ばれていた彼も親孝行を貫いたひとりだ。

彼の親孝行は、ただ親にひたすら尽くすというものではなかった。

彼は、孝行という行為の中に万物の法則を見出したのだ。

自分は親から生を受け、その親は天地自然より育まれて命をつなぎ生まれてきた。

その天地も万物（宇宙）から生まれたものであれば、すべての物は一体であって、**親孝行することは、すべてに感謝し、平和を実践することと同じであると考えた**のだ。

成功する人は、自分の命の価値を知っている。

だからこそ、生み出した両親と社会に心から感謝できるのだ。

STEP 2

恩を送る

恩送りとは、受けた恩を本人に返すのではなく、別の誰かに返すことをいう。

この話をすると思い出す話がある。

それは、僕がまだ事業を始める数年前の話だ。

その頃、僕はサラリーマンとしてデビューしたばかりで、お金も経験も何もなかった。

そんなある日、いつも厳しい先輩が僕を焼き肉に誘ってくれた。

お金のない僕は躊躇した。

すると、先輩は笑顔でこう言ってくれた。

「お金の心配はいいからね。

キミが仕事を覚えて後輩ができた時、その後輩に同じ事をしてあげてください」

僕は、その先輩のひと言に感動した。

そして、いつか後輩に返していこうと決意したのだ。

僕らは日本という国で平和に暮らしている。
これは先に生まれた先輩たちの努力でつくられたものと言える。
その先輩たちに、僕らは恩返しをすることができない。
では、誰に対してこのご恩を返せばいいのか？
先述の先輩ではないが、我々の国をつくってくれた先輩たちも
「御礼はいいから、次の後輩に同じ事をしてあげてください」
と言っているように感じられて仕方がない。

成功というのは、キミひとりが財を得て、今の時代だけを自由に生きるのではない。

過去の時代から大きなご恩を受け取り、次の世代に受けたご恩以上のものを送っていく。

そんな人間を、成功する人と呼ぶのだ。

41

圧倒的な差で勝利しろ

妬まれるのは中途半端だから

STEP 1

妬まれる原因はキミにある

成功する人の考え方とは、**実践をもって初めて結果が出る成功哲学**だ。大きな目標を逆算し、目の前から一歩ずつ歩み始めると、大小にかかわらず成功が訪れ始めるだろう。

競争においては、かろうじて相手に勝つというのはあまりよろしくない。勝つのならば、僅差（きんさ）ではなく、圧倒的な差をつけて勝つのがよい。そうすれば、相手は「もう少しだったのに」という悔しい思いも自責の念を持つこともない。それどころか、かえって清々しい気持ちで素直に相手の勝利を讃えることができる。相手をはずかしめるようなきわどい勝利や、微妙な勝ち方、遺恨を生むような勝ち方は良くない。それが勝利者のマナーというものだ。

『人間的な、あまりに人間的な』

出典『超訳　ニーチェの言葉』（フリードリヒ・ニーチェ著、白取春彦訳、ディスカヴァー・トゥエンティワンより）

小さな成功は新しいチャンスを生み、次のステージを目指そうとする時、現れてくる障害がある。それはあなたを妬む者たちだ。

ある人はキミを陰で否定し、ある人は徒党を組んでキミを批難することもあるだろう。

恋愛関係の嫉妬には愛がある。しかし、他人を妬む気持ちには愛はない。

なぜこのような結果になるのだろうか？　その原因はキミにある。

他人に妬まれるのも、羨ましがられるのも、キミの小さな成功から生まれた心であり、周りは被害者なのだ。

だから、小さな成功で満足してては絶対にいけない。

今の状態からさらに圧倒的な努力によって突き抜けよう。

真の成功する人は、誰に妬まれることもないのだ。

STEP 2 「圧倒的」は他人の情熱に火をつける

先述した通り、小さな成功は妬みを生むが、**圧倒的な成功は他人の情熱に火をつける。**

僕が初めてサラリーマンをした会社では、レジェンドと呼ばれる営業マンがいた。

彼の成績は、常に誰も追いつけないほどの位置にあり、歩合のおかげで給料も高く、みんなの憧れの存在だった。

入社1年目の頃、会社は20周年のセールスキャンペーンを展開した。

しかし、思うように業績は上がらなかった。

理由は商品ではなく、営業マンの心にあった。

「今の製品も売らなければならないのに、そんなキャンペーンできるわけがない」

そんなマイナスの雰囲気が流れた時、レジェンドがこう言った。


「会社が旗を振った方向に行かないでどうするんだ。だからお前たちは、いつも売れてないんだ」


そう言ってレジェンドの営業マンは自分の営業をやらず、ほかの営業マンに自分のノウハウを教え、さらに営業に引率して獲得していった。

結果的にキャンペーンは大成功に終わり、レジェンドは伝説の営業として、現在、その会社の社長となった。


圧倒的な勝利は情熱によって仲間に感染する。

松下幸之助氏や稲盛和夫氏などのように、自分の成功だけに満足するのではなく、**仲間までも巻き込めるような圧倒的な結果を生み出す者こそが、成功する人と呼ばれる**のだ。

42

正しい事は非情に見える

相手のご機嫌取りはやめろ

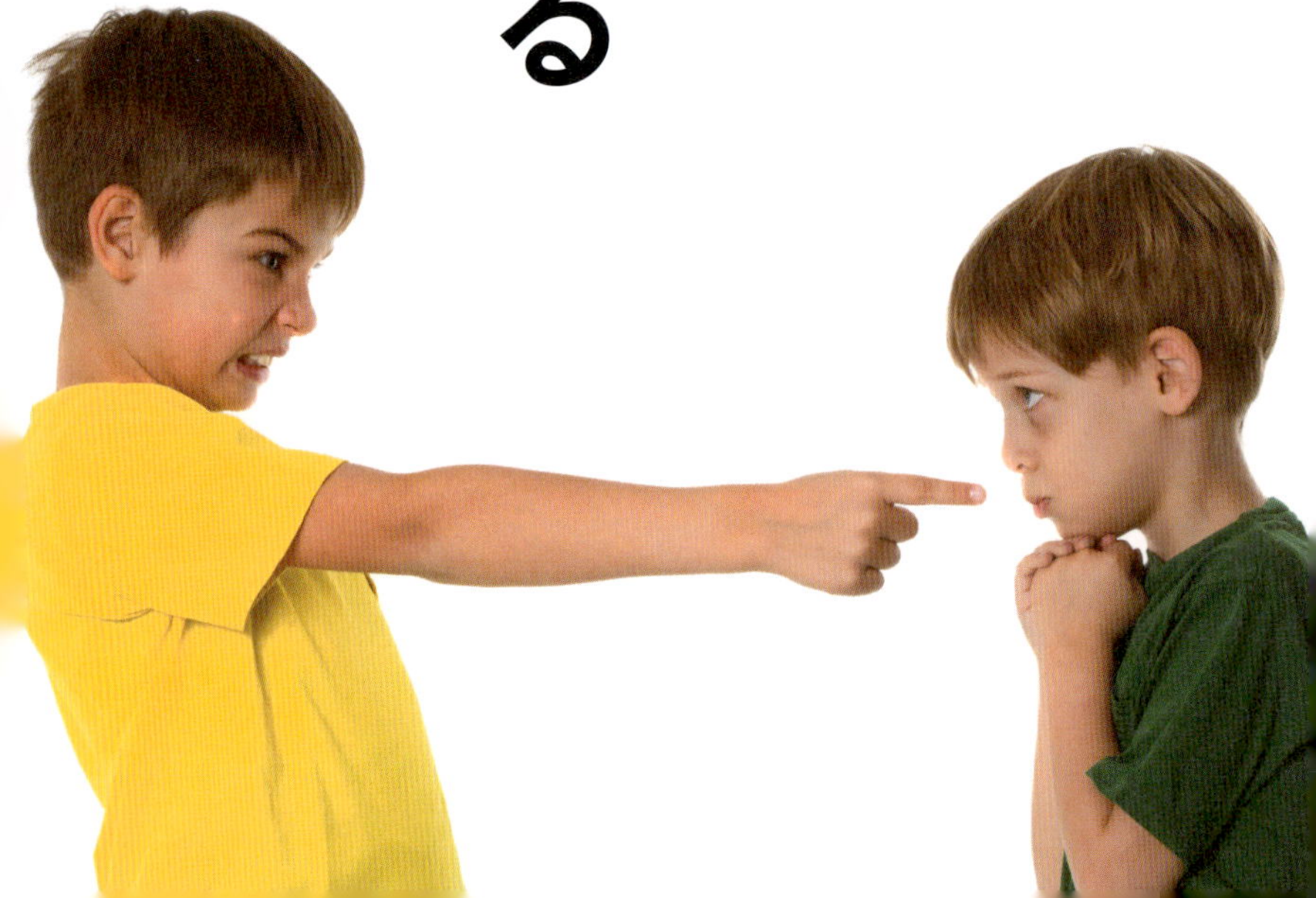

STEP 1　叱られる幸福

僕の好きな本のひとつに、後藤清一氏の『叱り叱られの記』という本がある。この本は、著者が若かりし頃、松下幸之助氏に叱られたことへの学びと喜びを込めた内容で、これほど叱られたことを自慢している本は、他にないだろう。

後藤清一氏は、見習い工として松下電器に勤め、20年間松下幸之助の下で働き、最終的には井植歳男氏の片腕として三洋電機の副社長にまでなった。

誰かに叱られるということは、誰でも好きなことではない。

しかし、**成功する人は、叱られることをとても大切なことと考えている。**

なぜなら、**叱られることは、大きな失敗を未然に防ぐ効果があるから**だ。

誰でも新入社員の頃は、ほとんどが先輩ばかりで、何か問題や失敗をすると「ガツン」と叱られた経験の一つや二つはあるだろう。

しかし、年齢を重ね、立場や役職が上がってくると、その回数は大幅に減る。

叱られないということは、順調であるバロメーターではなく、自分が自立して考えなければならなくなったということでもある。

だからこそ、**成功する人は、自分を叱ってくれるメンターを探す**のだ。

STEP 2 相手の成長がなければ意味がない

例えば、部下が何か重大なミスをした時に、しっかりと適切に叱ることはとても重要だ。

しかし、上司の中には部下に好かれたいということを意識するあまり、叱ることを恐れたり、見逃したり、中にはタイミングを逃してしまい、結局、叱れなくなった、などの話も耳にする。

確かに、部下や後輩に好かれることは、とても大事なことだ。

しかし、部下に好かれたいという自己満足の善が先行して叱ることをせず、結果的に部下がさらに大きなミスをしてしまったらどうだろうか？

結果的に、大きな不幸を生み出してしまう。

そんな人間にリーダーとしての資格はない。

叱るということは、とてもエネルギーの要ることで勇気も必要だ。

叱ることで一時的には、部下から非情だと思われるかもしれない。

しかし、本当に部下を守りたいのであれば、小さな自己満足の善を捨てるべきだ。
本気で相手の未来の成功を考えた大きな善で叱り、
部下を守ってあげることを忘れてはいけない。

「どのようにすれば上手に叱れるのですか?」

と質問をされることがよくある。

大きな声を出すのか、それともロジックで説明するのか?

相手を叱る時の方法などは、人それぞれで、
その瞬間にしっかり叱れるのであれば、どんな叱り方でもいいだろう。

しかし、最も大事なことは、**叱る側が相手の魂の成長を意識しているか**ということだ。

誰でも小さい頃に両親から叱られた経験があると思う。

その時、両親はイライラしているからキミを叱ったのだろうか。そうではないはずだ。

善悪の判断で叱るときは、キミが未来自分の良心で
善悪を判断して欲しいと思ったからであり、
人間として本当に成功して欲しいと思うからこそ、心を鬼にして叱ったのだ。

それと同じように、成功する人は相手の技術ではなく、魂の成長を目的として叱る。

だから叱るときも真剣で、明確な思いを持って叱らなければならない。

43

他人の評価で生きるな

誰もキミを評価できない

STEP 1

惑わされない

スポーツ選手は、多くの観客に感動と希望を与える仕事だ。

しかし、彼らの耳に聞こえてくるのは歓声だけではない。

不調の時や結果を出せていない時期などは、野次や罵声が彼らを襲う。

その声に惑わされ、心を乱し、本来の能力を出せない人はきっと一流にはなれないだろう。

成功する一流のスポーツ選手とは、どんな罵声にも心を乱されず、
最大のパフォーマンスを発揮する人間をいう。

史上二人目のトリプルグランドスラムを達成したプロゴルファーのタイガー・ウッズは、
次の言葉を残している。


他人の期待に耳を傾けないことだ。

あなたはあなた自身の人生を生き、自分自身の期待に応えるべきである。

多くの人は、他人にどう思われるのかに心を奪われるあまり、
本来の能力を出し切ることができない。

しかし、**成功する人は、常に自分がどうなりたいのかを問い続けている。**

STEP 2
キミは尊い存在

他人の評価を気にする人の共通点は、
自分が尊い存在であるという認識の低さから生まれている。
確かに、実績や成功の経験がないときは、誰でも自分に自信がないものだ。
しかし、実績と自尊心を同じ土俵の上に上げてはならない。
もしキミがまだ若く、実績がないとしても、
キミがこの世に存在している事実は変わらない。人間が生まれて約８００万年前から
今日まで、キミの遺伝子は勝ち続け、生き残ってきたからこそキミが存在しているのだ。
もし、自分に自信が持てないなら、先祖のお墓参りをすることを僕はオススメする。
キミがどんな両親や祖父母から生まれたのか僕は知らないが、
必ずキミにも勝ち続けたルーツがある。その命のルーツを真正面から感じて欲しい。
戦国時代も明治維新も、先の戦争もキミの祖先は生き抜いたのだ。

STEP 3

自分を信じる

明治維新の立役者である坂本龍馬は、幼少の頃から馬鹿にされて育ったと言われている。

しかし、彼は16歳の時にこんな詩を残している。


世の中の人はなんとも言わば言え、わが為すことは、我のみぞ知る

龍馬は自分を批判する者に対し、言いたいのであれば好きなように言えばよいと考えていた。自分がこれから成し遂げようとしていることは、自分だけが知っていると言っている。

悪評は誰でも苦しいものだ。

しかし、成功する人は不思議と輝く部分を持っていて、それは他人からとても目立つ。

他人の悪評は、面白おかしく拡散される場合がある。

まるで1匹の犬が吠えれば、ほかの万匹の犬がわけもわからず一斉に吠え立てるように。

キミのなすことは、キミのみぞ知る。成功する人は、そんな気持ちで生きている。

44

ゴールが見えてからが勝負

最後までチカラを抜くな

STEP 1
ゴール前に弱い

僕は仕事が煮詰まってくると、必ずスポーツジムに行くようにしている。

ジムは僕にとってトレーニングというよりも、自分と対話するのにピッタリの時間だ。

ある時、ジムのコーチからこんなことを言われた。

「10回のスクワットをする場合、10回目をゴールとして考えずに、やり終えて汗を拭くところをゴールにしてください」

このゴールの場所を変えるということについて、
コーチは北京オリンピック金メダリストの北島康介選手の事例で学んだという。

確かに思い当たる節はあった。

限界にまで挑戦する筋トレは、腕や体が痙攣するほど負荷をかけるトレーニングだ。

残り数回とゴールを感じた瞬間に、腕や体が突然動かなくなった経験もある。

この考えは、仕事でも同様だと思う。

新しい目標に初めて挑戦した時は勢いが出るのだが、成功が見えはじめるとどこか達成した気分になり力を弱めてしまう。

ゴールの設定を変えるということは、とても重要なことなのだ。

STEP 2

目標と目的

多くの人は、目標と目的を同じように考えて生きている。
しかし、成功する人は、その区別を明確にしている。
目的とは、最終的なゴールのことをいう。
自分の人生を使って最終的にどのように生きるのか。
有名大学に入学するなどは、目標であって目的ではないと考える。
目標とは、目的を達成するための通過点をいう。
目標には、小さなものから大きなものまであるが通過点であるから、
どこに設定しても構わないと考える。
つまり、大事なのは目的である。
この**目的を最終的なゴールとして考えている人間は、とても強い。**
先ほどのスポーツジムの事例でもあるが、
何かひとつの目標を達成することで彼らの潜在意識は満足することはない。
常にゴールを求め、ゴールに飢えているからこそ全力を出すのだ。

僕が自分の会社で面接する時は、このようなことを意識する。

それは、面接に来る人が何を目的に働こうとしているのかということだ。

就職活動や受験を目的にする人は多い。

しかし、それを目的にしてきた人は、様々なことで弊害が起こる。

例えば、就職活動の面接がゴールであれば、内定を貰った瞬間に安心感が生まれるだろう。

しかし、本当に大事なことは仕事が始まってからだ。

内定を貰った会社でどのように活躍するのか。

自分の仕事でどんなインパクトを与えるのか。


大事なことは、いつも目的にある。

内定や受験の合格などの目標で満足するような人間になってはいけない。

成功する人は常に目的を考えている。

「何のために……」

この一言は、人生にとってとても大きな意味を持っている。

常に目的を考え、その目的を高い次元に成長させてこそ、成功する人の考え方なのである。

45

茹でガエルになる前に

常に危機意識を持つべし

STEP 1

知らない間に大きな変化が来る

大きな問題は誰もが注意し、改善することができる。
しかし、小さな失敗や問題は見過ごすことがある。
その現象を心理学者や経済学者は**「茹でガエルの法則」**と名付けた。

生きたカエルを熱湯に入れると当然のごとく驚き、すぐに熱湯から逃げだそうとする。
しかし、冷水にカエルを入れ、徐々に温度を上げていくと、
カエルは温度の変化に気がつかないで温度はどんどん上昇する。
そして、ある瞬間に熱いと初めて気づいたカエルは逃げようとするが、
温度の上昇によって本来のチカラを奪われ、最終的に茹であがって死んでしまう。

カエルが本当に最後まで気がつかないのかは、実験したことがないからわからない。
でも、僕らの社会では間違いなくよく見る光景だ。

僕の友人とその妻は、とても情熱的なふたりとして有名だった。

彼らほど愛し合うことができれば幸せだろうと誰もが言ったし、実際に僕もそう思っていた。

その友人は、大手証券会社の営業マンで毎日仕事に全力で取り組んでいた。

そんなある時、彼は妻から子どもの進路の件で相談された。


「娘の塾なんだけど、あの大学に行くなら別の塾の方がいいと思うの。来週だけど時間とれないかな？　1回だけ塾の面談に付き合ってもらいたいんだけど」

もちろん友人は家族のことを愛していたし、娘の進路にも関心があった。

でも、時間をつくることができなかった。

それでも友人の妻は諦めることなく毎週のようにお願いした。

塾や進路、学校の成績やイベントに至るまで、諦めることなく友人にお願いしたが、彼からは忙しいという理由以外、何も答えが得られなかった。

そしてある日、彼が家に帰ると、妻と娘の姿が消えていた。置き手紙だけを残して。

彼らふたりは、本当に愛し合っていたし、どんなトラブルや問題が起ころうとも、彼らの愛をもってすれば乗り越えられると周囲の人間は思っていた。

まさか、そんなことで妻の心が大きく変わってしまうとは、友人は気づくことができなかった。

一つひとつは、小さな相談事かもしれない。
しかし、度重なる拒絶は、彼女の心を傷つけ、気持ちに大きな変化をもたらしたのだ。

STEP 2 日常の小さなサインを見逃さない

この世のすべてのものは時間の経過に従って変化する。
人間が老化したり、食べ物が腐敗するのも同様の現象だ。

事業や人生も、この自然界の法則に従っている。

どんなに好調な事業があったとしても、少しずつ価値は失われ、
それに変わる何か新しいものがどこかで生まれてくる。
しかし、一度の成功で満足した人間は、その小さな変化に気がつかない。

自然界はいつもキミに対して沢山のサインを送っている。
その小さなサインに気づく者は、事前に既存の事業に変化を加えたり、
成功する人は、どんな小さなサインも見逃さないように常に意識して生きているのだ。

Epilogue

+1

70万時間を生き抜く

キミの命の先に

消費される時間

2014年の厚生労働省の調べでは、
日本人の平均寿命は男性で約80歳、女性は約86歳だという。

僕の師は、寿命を時間で考えるように弟子に伝えてくれていた。
なぜなら、僕らは、年齢の区切りで何かを計画することが少ないからだ。
どんな計画も予定も、何月何日までに◯◯する、などと決めることが多い。
だから、計画の達成めどを年齢で聞くと、具体的ではなく、
どこか非現実的なものに考えてしまうのだ。

男性の平均寿命は約80歳。日数で2万9200日。時間にして約70万時間。
女性の平均寿命は約86歳。日数で3万1390日。時間にして約76万時間。

約70万時間という限られた時間の中で僕らは生きている。
70歳で新しい事に挑戦しても、20歳で挑戦しても、キミの時間には変わりはない。

死の淵から甦った人や余命宣告を受けた人は、必ず自分の死と向き合うことになる。
そこからの劇的な復活と成功という話は多くある。
例えば、ソフトバンクの孫正義氏も肝臓を患い、余命5年と宣告されたという。

人間は、死と直面した時に真のチカラが発揮できるようにプログラムされている。

危険を察知すると心拍数を上げて血圧が上昇し、
呼吸を速くして全身の臓器と筋肉に最大限のチカラを発揮させようとする。
僕らには、死と直面した時に動き出すプログラムが隠されているのだ。

成功とは何か

命が永遠に続くのなら、成功とは地位や名誉で完結するのかもしれない。
しかし、僕らの命は儚い。
地位や名誉、財産に至るまで、
生きている間に集めたものはなにひとつ死後に持って行けるものはない。

では、成功とは一体なんなのだろうか？


僕は、この世の資本主義の中で事業を興して大きな成功を得ることは、
とても素晴らしいことだと思う。

自分の可能性を信じ、一番高いところまで高めてしまえば良いのだ。

また、サラリーマンとして出世し、仲間と切磋琢磨しながらさらに上を目指す。

これにもやり甲斐があるだろう。

しかし、僕はそれだけでは満足はできない。

この長い地球の歴史の中で、必然の命を得て生きる70万という儚い時間。

その期間に何かを残したいと考えている。

それが、仕組みなのか、発明なのか、文字なのか。

我が子や孫が幸せに、次の世代すべてが幸せになるように。

この世から何も持って行けないのであれば、この世に僕の生きた印を残していきたい。

それは、僕の遺伝子や名前を残したいわけではない。

僕は70万という限られた時間を使い、この文章をキミに書いている。

これからはキミという人間が幸せになり、さらに成功する人として何かを残せるように。

キミが真の成功する人になってくれることが、僕が成功する条件なのかもしれない。

［著者］

加地太祐（かじ・たいすけ）

1976年大阪生まれ。株式会社aim代表取締役。

阪南大学高等学校中退後、溶接工に。その後、サラリーマンになり英会話スクールに通うが、1年後の2004年に通っていた英会話スクールが倒産。当時の従業員に「助けてください！」と生徒なのに相談され「可哀想だから」と400万円を借金して援助し、サラリーマンを続けながら思いがけずオーナー経営者になる。

しかし、3ヶ月で資金がなくなり、助けてと言った従業員も退職。その後、英会話スクールの経営を実弟にまかせるが、1年後に病死。この人生のどん底のときに安定したサラリーマンを辞め、給料の出ない英会話スクール経営1本に絞る。

2015年3月に「成功する人の考え方」の連載をスタート。月間リーチ数250万人の人気ウェブサイトに成長する。年間1000人以上の経営者と対話し、会社経営を行う傍ら、1人でも多くの成功者を世に出したいと、日夜、記事の執筆に精力を注いでいる。

山田方谷を学ぶ実践塾「方谷塾」塾頭、陽明学者。

所属団体・盛和塾＜大阪＞世話人、稲盛和夫の経営者塾世話人
・EO Osaka＜Entrepreneur Organization＞理事、アメリカに母体を持つ経営者団体。年商100万ドル以上の経営者が集まる団体
成功する人の考え方HP
http://ekusia.com/
フェイスブックページ
https://www.facebook.com/seikousuru/

成功する人の考え方

2016年1月15日　第1刷発行
2017年4月26日　第4刷発行

著　者　　加地太祐
発行所　　ダイヤモンド社
〒150-8409　東京都渋谷区神宮前6-12-17
http://www.diamond.co.jp/
電話／03·5778·7234（編集）　03·5778·7240（販売）

装丁――――井上新八
カバー写真――ゲッティ イメージズ
本文デザイン・DTP――新田由起子（ムーブ）
本文写真――shutterstock.com
製作進行――ダイヤモンド・グラフィック社
印刷――――加藤文明社
製本――――川島製本所
編集担当――高野倉俊勝

ISBN 978-4-478-06834-2